Los Secretos de su Mirada (LGBT)

Eden Alvarez

Contenido

Capítulo 1

No había dejado Brighton el suficiente tiempo como para sentir a su vuelta que algo había cambiado, pero fue así por alguna razón. Lo sintió al bajar del tren el día que llegó y lo sintió al llegar a su habitación, en aquella casa de alquiler cerca de Hove. Y lo sintió ante todo cuando Christian quedó con él ante la consulta para ir a recoger a Ethan al instituto juntos.

Habían quedado la noche anterior. Vitto y el rubio intercambiaron un par de mensajes antes de concretar hora y lugar, y la cordialidad del chico, aunque rozaba la indiferencia, fue una de esas inequívocas señales de que algo había cambiado. Lo que no había conseguido adivinar, ni siquiera estando montado en el asiento del copiloto, era si ese cambio había sido para bien o para mal.

Chris le había saludado con el mismo tono neutral de siempre. Era ya tan normal en él que incluso podía arriesgarse a decir que lo había echado de menos durante aquellos días alejado de la ciudad. Vitto le había respondido con la misma efusividad de siempre y había montado en el automóvil tras pedirle que le dejase guardar la mochila donde llevaba los regalos en el maletero. Fue un viaje tranquilo y corto, que pareció más largo de lo que realmente era por el silencio que sólo fue roto por la música de la radio, una extrañamente deprimente para ser, a pesar de todo, rock, y algún que otro comentario del moreno en un intento infructuoso de comenzar una conversación que conllevase intercambiar más de tres frases escuetas.

No tardaron mucho en llegar, por suerte. Christian aparcó cerca de la entrada y Vitto le siguió hasta uno de los bancos cercanos al edificio. No era muy distinto de la imagen que tenían todos los institutos, aunque sí lo era del suyo. Las tres plantas del edificio estaban construidas con ladrillo visto, de color rojizo, lucían grandes ventanales de color blanco y estaban rodeados por jardines. Unas amplias pero breves escaleras daban paso a la entrada y el reloj de la fachada era bien visible desde allí.

Christian tomó asiento en el banco y encendió un cigarrillo antes de volver a prestarle atención.

—Bueno —comenzó, mirándole—, ¿qué tal la vuelta a la rutina?

Vitto observó a su interlocutor como si nunca antes le hubiese visto. ¿Christian enzarzándose en una conversación trivial? Tras un instante de duda, se encogió de hombros y metió las manos en los bolsillos.

—Bueno, he empezado a entrar en consultas —le explicó con cierto orgullo en la voz —, así que no es exactamente una vuelta a la rutina, ahora puedo hacer más cosas.

Dedicó una mirada reveladora. Chris y él habían tenida una última conversación el día que habían ido al museo que había resultado muy fructífera para ambos. Vitto sólo esperaba que Christian no hubiese olvidado su parte.

—Tú... ¿tienes exámenes ahora? —preguntó.

—En un par de semanas, sí —contestó mientras dejaba escapar el humo de una nueva calada.

Vitto asintió. Su mirada estaba fija en el reloj del edificio. Las manecillas parecían no moverse.

—Oye, lo de Ethan... Lo de las pesadillas —el moreno se giró hacia Chris, observándole con curiosidad —. ¿Cómo crees que es mejor que le saque el tema?

No pudo evitar preguntarse cómo había sobrevivido Christian a todas esas charlas que un hermano mayor debía tener con el menor si no se le ocurría ninguna forma de sacar algo tan simple en una conversación.

—Pues —se pasó una mano por el pelo y ladeó la cabeza —, ¿qué te parece algo como... sacar el tema alguna mañana fingiendo que has tenido un mal sueño? —miró al chico y se encogió de hombros —. Cuando te pregunte sólo tienes que decirle que has soñado con eso y mostrarte preocupado porque aún no hayan desaparecido. Dudo que no intente calmarte diciendo que él sueña con eso cada día.

Christian le miró en silencio durante apenas un momento antes de dar una nueva calada.

—Mi plan era algo como "eh, Ethan, ¿sigues teniendo pesadillas?" —aseguró mientras una sonrisa amarga se hacía dueño de su expresión—. Supongo que he hecho bien en preguntarte.

El rubio se giró hacia la entrada del instituto por la que ya habían comenzado a aparecer algunos alumnos vestidos con el uniforme que Ethan había llevado tantas veces a la clínica. Vitto lo ignoró, permaneciendo su atención en Christian. Había algo que iba mal, estaba seguro. El rubio podía no ser la persona más alegre y sonriente de su agenda telefónica, pero aquella amargura, aquella seriedad que llevaba tan calada ese día definitivamente no era propia de él en un día normal.

A pesar de su creciente preocupación por el chico, si algo tenía muy claro Vitto era que él sería la última persona a la que Christian le confiase algún tipo de problema, por lo que supuso que preguntar resultaría un gasto de saliva inútil que podía ahorrarse para una ocasión mejor. Quizás para alguien que fuera más sencillo de sonsacar. Como Matthew.

—No te preocupes, saldrá bien —dijo al fin, girándose él también hacia la puerta. El reloj indicaba que en tres minutos la hora lectiva habría llegado a su fin —. Tú sacale el tema y déjame a mí el resto.

—No hagas eso.

Vitto parpadeó confundido.

—¿Que no haga qué?

—Intentar leerme la mente —dijo, llevándose el cigarrillo a la boca y dando una nueva calada —. Me incomoda que me analices. Reserva tus poderes de psicólogo para Ethan.

Intentó no reírse, pero fue complicado. El timbre que indicaba el fin de las clases resonó con fuerza y él metió las manos en los bolsillos mientras fijaba su atención en el edificio. Normalmente la gente no se daba cuenta de que les estaba analizando. Nadie se paraba a pensar aquello lo suficiente, sólo creían que era ese tipo de persona pensativa que de repente se queda mirando a la nada. Christian le tenía calado desde el primer momento.

—No puede uno trabajar contigo —bromeó.

Ethan y sus amigos tardaron en salir más de lo que había esperado. Cuando finalmente aparecieron Ethan caminaba sujeto al brazo de Melanie, con Jeremy al otro lado y Matt junto a la chica. Su humor menguó ligeramente al cruzar con Jeremy una mirada helada y el italiano se apresuró a hacer una seña a Matt y Melanie para que permaneciesen callados. Viendo la alegre expresión de ambos, estaba claro que la necesitaban. Jeremy se despidió de sus amigos antes de que llegasen hasta Christian y Vitto y tomó rumbo calle abajo. El moreno siguió con la mirada a los tres chicos hasta que pararon frente a ellos.

—Y entonces me dijo que... —Vitto apartó la mirada de Ethan y le devolvió a Melanie una amplia sonrisa—. Hola, Chris.

—Buenas.

La chica le guiñó un ojo. Él negó con la cabeza, sonriendo, y alzó la mano para revolver el cabello de Ethan.

—Buongiorno, topi.

De repente la escena se le antojó estúpida. Había estado nervioso desde el día que cogió el avión de regreso, nervioso pensando en cómo sería el reencuentro, en cómo y dónde saludaría a Ethan, en cómo reaccionaría él... Y entonces todo había pasado. Sin más.

Ethan reaccionó a cámara lenta. Primero se sobresaltó, posiblemente por sentir de repente su mano en la cabeza. Luego, sonrió, y antes de dejar caer el bastón y abrazarle, pronunció su nombre con voz ilusionada.

—¡Vitto! —él sonrió y respondió al abrazo del chico con la misma efusividad que el rubio. Era consciente de que le había echado de menos, pero definitivamente no era consciente de hasta qué punto lo había hecho. No hasta ese momento.

—Bello, ti sei mancato tantissimo(1) —besó fugazmente el hombro del chico antes de alzar un poco la mirada para encontrarse con los ojos de Matt. Le sacó la lengua con burla y se apartó un poco e Ethan, tirando suavemente de su mejilla acto seguido —. Menos mal, venía con el miedo de que no me reconocieras —añadió teatreramente.

—Imposible —Ethan volvió a abrazarle, haciéndole reír. Vitto bajó las manos hasta la cintura del chico y lo alzó del suelo para luego dejarle de nuevo en él, a su izquierda.

—Me ha costado no hacerle spoiler a Ethan, que lo sepas.

El moreno miró a Matt en cuanto soltó a su amigo e hizo un mohín antes de sonreirle.

—Menos mal que eres una buena persona —apuntó. Alargó el brazo derecho, rodeando con él los hombros del chico —. Matthew, he echado de menos tus pull... Ah, no —empujó suavemente al chico, apartándole —, si las has seguido haciendo.

Le sacó la lengua de nuevo y se giró hacia él. Sólo en ese momento se dio cuenta de que a ella no le había comprado ningún regalo.

—¿Me has perdonado ya? ¿Volvemos a estar comprometidos?

—Te he perdonado —aceptó tras cruzarse de brazos y lanzarle una mirada evaluadora—, pero no podemos comprometernos, lo siento —Vitto hizo un mohín. Mel le sonrió mientras se alisaba la falda—. He quedado con Oliver para comer, así que me largo. Bienvenido de nuevo, Vitto. Ya hablaremos tú y yo —bromeó, a lo que Vitto asintió guiñándole un ojo—. Vosotros, nos vemos mañana. Hasta luego, Chris.

Los cuatro chicos se despidieron de ella y Mel comenzó a alejarse sin más. Vitto se giró enseguida hacia Ethan y Matt, desviando la mirada hacia el suelo cuando no encontró el bastón del rubio en su mano.

—¿Me has echado mucho de menos? ¿O sólo a mis pullas?—preguntó Matt mientras él se agachaba y recogía el bastón del suelo.

—Te he echado de menos —admitió. Cogió a Ethan de la mano y le entregó el bastón para luego apartarle un par de mechones de la frente y sonreír —. Os he traído un regalo —miró a Chris girando un poco la cabeza —. A ti también.

Christian le respondió con alzando ligeramente las cejas, en un gesto confundido.

—Nosotros también tenemos regalos para ti —aseguró Ethan. Vitto frunció el ceño confundido.

—Aunque ha sido un poco difícil —aseguró Matt.

—Vaya, eso no lo esperaba —volvió a revolver el pelo de Ethan, sonriente —. Bueno, ¿no deberíamos ir a comer?

—Sí, por favor.

—Yo me apunto —el moreno se giró hacia Matt, confundido. Había dado por sentado que él iría, ¿por qué decía aquello como si estuviera apuntándose a un plan ajeno?

Fue entonces, y sólo entonces, cuando Vitto entendió que era lo que iba mal, que fallaba en aquella escena que, por otra parte, habían repetido con frecuencia. Todo parecía encajar, estaban los cuatros, Matt lanzaba pullas, Christian les ignoraba en silencio y él y Ethan reían entre bromas. Pero Christian y Matt no sólo no estaban uno junto al otro, ni siquiera se habían saludado o mirado en el tiempo que habían estado allí. Entornó los ojos con sorpresa y desconfianza. ¿Qué podía haber pasado? Ethan le había comentado alguna vez que su hermano solía tener discusiones con su amigo, pero que todo aquello parecía haberse superado.

"Bueno, quizás no lo esté tanto", pensó. A fin de cuentas, hasta hacía poco él mismo había experimentado el mal humor de Christian cuando alguien cuestionaba su relación con Matt.

—¿Dónde vamos? —preguntó Ethan.

—Por el paseo marítimo hay bastantes sitios, podemos mirar.

—Cerca de la universidad se come barato —la descarada forma en la que Christian ignoró a su novio hizo que Vitto le dedicase una mirada confundida —. Vamos a por el coche y ya decidimos.

El rubio echó a andar sin pararse siquiera a ver si le seguían. Vitto se rascó la barbilla con la mirada fija en él y luego miró a Matt, interrogante, pero el chico negó con la cabeza y echó a andar sin más, mientras él se agarraba al brazo de Ethan con la misma naturalidad con la que se habría agarrado a Giancarlo.

—Debí traer un cuchillo para cortar esta tensión —bromeó. Ethan suspiró y se recolocó la mochila.

—No esperaba verte hasta pasado mañana —comentó.

—Roma quería estar contigo —dijo girándose hacia él y sonriendo —. ¿Qué tal ha empezado el nuevo trimestre?

—Bien —el chico se encogió de hombros —, normal. ¿Y tu vuelta a la clínica?

—Genial —admitió, divertido.

Christian les esperaba apoyado en la puerta del conductor. Vitto lanzó una mirada rápida al coche y vio que Matt se había sentado justo detrás el asiento del copiloto, de modo que acompañó a su amigo hasta la puerta y dio la vuelta al coche para sentarse delante. Mientras se ponía el cinturón escuchó el resto de las puertas cerrarse y a Chris sentándose al volante.

—¿Dónde vamos, entonces? —preguntó.

Vitto utilizó el espejo retrovisor para mirar a los dos menores. Ethan estaba tan tenso como él mismo y Matt, por su parte, no dejaba de mover la pierna, en un claro reflejo de nerviosismo, y se limitó a encogerse de hombros y mirar por la ventana.

—¿Vamos a la universidad?

Christian imitó el gesto de su novio, encogiéndose de hombros y encendiendo la radio sin mediar palabra. Vitto le miró un momento y rodó los ojos, suspirando. Se suponía que iba a ser un momento alegre, un reencuentro bonito, pero esos dos estaban haciéndolo complicado con esas caras tan largas.

—¿Cuando tienes que ir a la clínica, Ethan? —preguntó mientras bajaba el parasol retráctil y se miraba en el espejo. Hacía tantos años que no llevaba el pelo corto que no conseguía acostumbrarse.

Sin previo aviso, Christian, que se había pasado desde que pusiera la radio cambiando de canción antes siquiera de dejarlas empezar, le lanzó el disco, consiguiendo que el chico desviase la mirada hacia él, y le pidió que buscase algo decente en la guantera. Lo que más le sorprendió fue que se lo pidiese por favor.

—El jueves —le respondió Ethan mientras él repasaba y desechaba un disco tras otro—. ¿Estarás allí?

—Sí. Si hay suerte ni siquiera se habrán enterado de que somos amigos y podré espiarte —bromeó.

Cerró la guantera de golpe, desistiendo. No había nada ahí dentro que evidenciase que las canciones que había grabadas en él fuesen buenas, de modo que agarró el cable que había conectado al puerto usb y conectó su mp3.

—A ver, ¿qué os apetece escuchar? —preguntó mientras se giraba un poco para impedir que Chris pudiera quitarle el cable —. Tengo Panic, Panic, Panic… creo que no quiero saber que hay en esta lista… —musitó —. Disney, Disney en inglés, musicales, esta nos la ponemos cuando vamos a salir, esta cuando Giancarlo y yo queremos echar a Angelo del piso…

Christian resopló.

—Yo quiero Disney.

—¿Tienes una lista para echar a tu compañero? —preguntó Ethan con curiosidad. Vitto asintió.

—No la hicimos para echarle, pero Angelo es una persona racional y seria —aseguró —, así que se le hace difícil soportar una lista random. Y Giancarlo puede ser muy random cuando quiere, con eso de estudiar idiomas se conoce canciones tontas de media Europa.

Seleccionó la lista y eligió la reproducción aleatoria. Le daba un poco de miedo lo que podía salir de aquella bomba de relojería, y cuando el himno del Liverpool comenzó a sonar fue él quien bufó y cambió rápidamente.

—¿Veis? Hay mucha mierda —bromeó mientras comenzaba a sonar Lollipop, de Mika —. Ahora visualizad a Giancarlo cantando esto con Haribo en brazos, por favor. Es una imagen maravillosa.

Matt y Ethan rieron.

—Visualizad —señaló el rubio arqueando las cejas mientras Matt cantaba. Vitto sonrió, avergonzado.

—Perdona, topi —comenzó a leer los títulos de la lista. Había muchas en inglés, algunas en español y otras tantas en italiano. Esporádicamente se podía encontrar alguna alemana —. Voy a poner alguna italiana, a ver...

—No, por favor —resopló Chris. Vitto se limitó a imitarle moviendo los labios—. Por lo que más quieras. Italiana no.

—Sí, sí, que tengo curiosidad.

Sintió como Matt se inclinaba hacia delante casi al mismo tiempo que encontraba la canción adecuada.

—Vale, para Matt —pulsó sobre la canción y a unos segundos de silencio le siguieron ruidos de una película —. Perdón, está descargada y claro...

Los acordes comenzaron y Vitto comenzó a cantar. Mulán era una de sus películas preferidas de Disney (no soportaba a las princesas que no se movían) y, de entre todas, la canción del entrenamiento era su favorita. Giancarlo solía ponersela cuando Vitto le obligaba a limpiar.

—Ah, pero yo esta me la sé en inglés... —Vitto rió cuando Matt comenzó a cantar la versión inglesa. Suponía que era la fuerza de la costumbre, porque la original le sonaba mucho peor.

Un semáforo obligó a Christian a frenar y Vitto tuvo que sujetar con fuerza el mp3 para que no volase por el coche.

—Cambiadla antes de que nos estrelle contra el primer árbol que vea —pidió Ethan, divertido.

—Puedo hacerlo y lo haré.

El moreno negó con la cabeza.

—No sabes divertirte —volvió a pulsar el botón y esta vez comenzó a sonar I kissed a girl, de Katy Perry —. Esta sí es mía. Las otras eran de Giancarlo.

—¿En serio, Vitto?

El moreno rió. A él le parecía una canción tan divertida como la que más. Christian se inclinó hacia atrás con dramatismo y suspiró.

—Te vas a cargar a Christian.

—Sí, y entonces a ver quién nos hace de taxista —bromeó Ethan.

Cambió de canción y lista una decena de veces antes de que llegasen a la universidad. Para cuando aparcaron y bajaron el coche, Vitto habría jurado que Christian estaba al borde de un ataque de nervios.

—Vamos, eran buenas canciones —se defendió mientras sacaba del maletero su mochila —. Tienes demasiado sentido del ridículo.

—O tú demasiado poco —le espetó el chico, haciéndole reír.

—¿Vamos a comer en tu facultad?

Vitto se echó la mochila al hombro y buscó rápidamente la mano de Ethan mientras caminaban detrás de Chris.

—Donde queráis.

—Por mí bien —aceptó también Matt —. ¿Vitto?

—Nunca me han caído bien los ingenieros, pero Chris se ha portado bien, se merece un premio —bromeó divertido.

La cafetería de Ingeniería dejaba mucho que desear en cuanto a actividad. O bien las vacaciones no habían terminado aún para la mayoría de los usuarios o a los ingleses les daba tanto miedo la ingeniería como a él.

Sin embargo aún había suficiente gente como para que Vitto sintiera como Ethan se pegaba a él.

Encontraron sitio rápido, después de todo. Chris dejó la chaqueta en una de las sillas y les preguntó qué querían comer, marchándose hacia la barra en cuanto los tres contestaron. Vitto dejó la mochila en el suelo y se sentó en la única silla que no lindaba con la de Christian, cediendo a Ethan el asiento frente a su hermano. Sin embargo, antes de que el chico pudiera sentarse, Matt dejó su chaqueta en la silla que había junto a Vitto, que le miró con una expresión mezcla de confusión y mala leche.

Matt guió a Ethan hasta la silla que quedaba libre, sentándose luego junto al italiano. Vitto le vió vocalizar un simple "lo siento" que le hizo suspirar y negar con la cabeza, quitándole importancia. Algo debía ir muy mal. Al otro lado de la mesa, Ethan se inclinó hacia delante.

—¿Tienes prácticas esta tarde?

—Sí —mintió, casi sin pensar —. Tengo que volver después de comer.

No era cierto. Sus prácticas habían pasado a media jornada en el segundo semestre pero su subconsciente trabajaba más deprisa de lo que era capaz de asimilar. Sí, podía fingir que tenía que volver a la clínica. Matt no vivía lejos, así que era posible que le pidiese a Chris que le dejase allí en lugar de hacer que le acercase a casa. Entonces sólo tendría que evitar que se fuera antes de hablar con él.

—Lo siento —se disculpó —. A partir de mañana sólo tendré media jornada, pero ya sabes —suspiró —, quieren fastidiar nuestro reencuentro.

—No pasa nada. No me esperaba que vinieras al instituto —Vitto sonrió ladeando la cabeza un poco de forma inconsciente. Ethan no dejaba de reír y le ponía de mejor humor de que había imaginado —. Creía que tendría que esperar hasta pasado mañana para verte, así que que tengas que irte a las prácticas es un mal menor.

Christian regresó con la bebida de Vitto y el almuerzo de los otros dos, pero fue una visita fugaz en la que el italiano no pudo cruzar palabra con él antes de que regresara hacia la barra.

—Si te soy sincero, pensaba que Chris iba a decirme que no —aseguró —. Fue una grata sorpresa, lo veo receptivo.

—Será el espíritu navideño.

Se giró hacia Matt. El chico estaba echado hacia atrás en la silla, con desgana. Parecía aburrido, o molesto, o quizás ambas cosas.

—Seguro que es porque no se le ocurrió ninguna excusa —bromeó Ethan, consiguiendo llamar de nuevo la atención de Vitto.

—Seguro —asintió él mientras apoyaba la mano en la pierna de Matt y apretaba con suavidad antes de apartarla justo a tiempo de ayudar a Chris, que volvía con el resto de platos, a colocar las cosas sobre las mesas —. Gracias.

—¿De qué hablábais? —preguntó el chico tras hacer un gesto rápido para quitar importancia al asunto, tomando asiento junto a su hermano.

—De lo encantadoramente amable que eres.

La frialdad del comentario de Matt consiguió ponerle tenso. Vitto alzó la mirada por encima el hombro de Ethan, que también parecía incómodo, un momento y se rascó la oreja, intentando pensar en cualquier cosa que no fuera la inminente guerra que estaba a punto de estallar en aquella mesa. Por suerte, Christian no contestó.

—De que Vitto tiene prácticas esta tarde.

—Lo siento, Chris —dijo, mirando al chico con un mohín —, sé que querías pasar toda la tarde conmigo y mi mp3, pero no puede ser.

—Sobreviviré —Vitto estiró los labios en una mueca. Y ahí volvía el Chris que tan poco había echado de menos.

Imitó a los demás y comenzó a comer intentando ignorar la tensión que reinaba en la mesa. Definitivamente no era lo que había esperado para el reencuentro.

—¿Entonces ya te han relegado de tu puesto de recepcionista?

Agradeció mentalmente que Ethan rompiera el silencio, apresurándose a contestar para mantener la conversación

—Ya me han apartado de mi amada impresora —bromeó con fingida tristeza —. Ayer me despedí de la grapadora. Fue muy dramático, todo lágrimas y grapas sueltas.

Ethan rió y juraría haber visto como Matt esbozaba una sonrisa. Pedir que Chris reaccionase siquiera era como intentar helar el infierno.

—Ahora podrás encariñarte con... ¿los informes? —dudó Ethan, y ambos rieron.

—Creo que el diván es más de mi estilo —aseguró. Permaneció un instante en silencio, observando al chico. Desde que le habían dicho que a partir de aquel momento podría entrar en las consulta de los menores dado que quería trabajar con niños, había sentido que se encontraba en una encrucijada con respecto a Ethan. Le interesaba estar en sus consultas porque le interesaba su caso, pero sabía que no debía hacerlo. Tenía una relación demasiado cercana a él —. No sé cómo serán las consultas, pero dudo que sea peor que ocho horas delante del mostrador sin hacer nada.

—Ocho horas escuchando las penas de la gente no creo que sean demasiado agradables tampoco —Vitto se encogió de hombros—. Aunque, bueno, habrás elegido Psicología por algo.

—Creía que ya habías comprendido que no es vocacional, sólo elegí la carrera en la que podía ser más cotilla y cobrar por ello.

—Entonces atesorarás esas ocho horas diarias —aseguró Ethan, riendo.

Fue una comida tensa a pesar de los intentos de Vitto y Ethan por contrarrestar el evidente mal rollo entre los otros dos, aunque al menos consiguieron hacerla más llevadera. Una vez terminaron de comer y apartaron vasos, servilletas y demás cosas de encima de la mesa, Vitto cogió la mochila y se la colocó en el regazo.

—Bueno, ¿quién quiere ser el primero? —paseó la mirada por los tres chicos mientras metía la mano en el bolsillo más amplio de la bolsa.

—Ethan —contestó Christian casi sin darles tiempo a pensar. Vitto frunció un poco los labios. No, Ethan debía ser el último.

—Sí, por favor.

—De acuerdo, entonces será Matt —anunció riendo mientras tanteaba buscando el paquete y se lo entregaba al chico —. Lo siento, topi, tú tienes que dejar que Roma se prepare.

—No me parece justo.

Vitto le sacó la lengua mientras Matt cogía el paquete y se apresuraba a desenvolverlo bajo la atenta mirada de Christian. Había tenido problemas con el regalo de Matt desde el primer momento, y sólo se había decidido por ese cuando recordó la taza que Angelo había comprado en su primer año en la misma facultad de Medicina. Era una simple taza roja (la que él había llevado para Matt era una taza de viaje, con una tapadera que le pareció útil para poder moverse con ella), de casi medio litro, con la inscripción "Keep calm and don't kill patients" en letras blancas. Cerca del borde habían escrito el nombre de la facultad y el correo de contacto, y en el asa estaba grabado el escudo de La Sapienza.

—Es genial, Vitto, muchas gracias —el chico se inclinó hacia él, abrazándole—. Me acompañará en mis largas noches de estudio y durante la residencia.

—Genial. Si matas a alguien podré decir que ya te pedí que no lo hicieras —bromeó. Cuando Matt volvió a enderezarse en el asiento, el italiano metió la mano en la mochila y puso sobre la mesa un paquete que deslizó hacia Chris, a quien miró sin decir nada. El rubio alargó la mano y cogió el paquete sin más.

—¡Pero id retransmitiendo!

—No tendrías que haberme traído nada —Vitto se encogió de hombros y alargó la mano hasta coger la de Ethan, mientras Chris palpaba el paquete.

Deseó haber sacado la cámara de fotos en cuanto el paquete quedó desenvuelto y las cejas de Christian se arquearon al reconocer el contenido. Una camiseta de la Fiorentina.

—Pero qué cabrón que eres —apuntó mientras alzaba la mirada hacia el italiano y Matt reía. Vitto le sonrió con burla. El tono de la voz del rubio dejaba claro que no le había sentado demasiado mal la broma —. Pero cabronazo.

—Creo que no le ha gustado la camiseta de la Fiorentina —sentenció inclinando un poco la cabeza hacia Ethan, que se echó a reír. Soltó la mano del chico y sacó un nuevo paquete de la mochila. El papel era diferente al anterior, pero se lo tendió de la misma forma al mayor de los Keighley —. Te la cambio por este porque eres tú.

El rubio rió, negó con la cabeza y cogió el paquete mientras Vitto volvía a agarrar la mano de Ethan.

—Deja que adivine, ¿son los pantalones?

—Las medias —bromeó.

El verdadero regalo era tan sencillo como el de Matt. Había encontrado aquella camiseta negra, con un dibujo blanco del Hombre de Vitruvio tocando una batería cuando habían ido a comprar el regalo de Ethan. Había pensado que quizás fuera algo lo suficientemente divertido como para que Chris olvidase que provenía de su odiada Italia.

—Tengo que admitir que mola bastante —le concedió —. Claro que, en comparación... —bromeó—. Gracias.

—Sé que te gustaba más la de la Fiorentina, pero es mía —soltó de nuevo la mano de Ethan y cogió la camiseta morada, guardándola con cuidado. Abrió un poco la mochila y miró los paquetes. Alessandro y Giancarlo se habían ocupado de ponerles un orden, pero eso no hacía que estuviera menos nervioso. Ahora, pensándolo en frío, no le parecía una idea tan brillante —Bueno, ya no hay más. ¿Nos vamos?

—¡Eh! —Vitto miró a Ethan como si fuera la primera vez que le veía —. ¿Y mi Roma?

Matt hizo ademán de ponerse en pie mientras reía.

—Venga, vámonos.

—¡Matt!

—Ah, sí, Roma —soltó la mochila sobre la mesa y se puso en pie, llevando la silla hasta colocarla al lado de la de Ethan. Entonces se sentó y colocó de nuevo la mochila en su regazo antes de volverse hacia el chico —. Vamos a hacer un ejercicio mental, si no me sigues en esto te quedas sin regalo porque no podré dártelo como hemos estado planeando todas la navidades, ¿vale?

—Vale —el chico sonrió. Vitto se centró en él e intentó olvidarse de que Christian y Matt también estaban allí.

—El aeropuerto de Roma está lejos de la ciudad —comenzó —. Así que hemos cogido un tren desde Roma Ciampino y hemos acabado en la estación de Termini. Si vamos calle arriba nos encontramos con La Sapienza, pero aunque sea tentador ir a ver mi facultad, mejor tiramos calle abajo —bromeó mientras buscaba el paquete con un número uno dibujado —. Está un poco lejos, pero no vamos a coger el metro en Roma, hay muchas cosas que ver para ir bajo tierra.

Puso sobre la mesa un pequeño paquete de forma irregular. Estaba envuelto en papel azul y llevaba un gran "1" negro pintado en un lado. Lo hizo girar sobre sí mismo, distraido y lo empujó hacia Ethan.

—Y ecco, estamos en la primera parada.

—A ver... —Ethan sonrió y comenzó a desenvolver el regalo. Vitto esperó a que hubiese apartado el papel para continuar.

—Parecía más grande en las fotos ¿verdad? —bromeó mientras el chico reconocía la figura del edificio —. No lo parece pero son casi sesenta metros de alto, ciento noventa de largo y ciento cincuenta de ancho. Lo has visto en cuanto hemos entrado en la plaza porque es enorme y, además, hoy está iluminado. ¿Sabes por qué?

—¿Por qué?

—Porque en algún lugar del mundo se le ha conmutado a un condenado su sentencia de muerte y es costumbre que el Coliseo esté iluminado durante cuarenta y ocho horas para celebrarlo —Ethan no dejaba de recorrer la miniatura con los dedos. Vitto sonrió y pasó un brazo por sus hombros, inclinándose un poco y hablándole en voz baja —. Tsss. Si miras a la izquierda puedes ver el Arco de Constantino. El de Tito está calle arriba, pero este tiene tres arcos, es mucho más bonito que el otro ¿no crees?

—Sin duda —Ethan giró la cabeza hacia el lugar que le había indicado y rió. Vitto le soltó y volvió a rebuscar en la mochila.

—Ahora vamos a pasar por el arco de Tito, pero no puedes entretenerte mucho porque tenemos que llegar a otro sitio. Es mi plaza preferida de toda la ciudad —le informó —. La diseñó Miguel Ángel y está construida en —alargó la mano y tocó el hombro del chico —, mira, ahí está el foro romano original, aunque no se ve bien con las vallas... — hizo una pausa breve y continuó —. Bueno, ¿qué decía?

—Algo de una plaza de Miguel Ángel —Vitto miró a Matt que les observaba con la mejilla apoyada en la palma de la mano. Le sacó la lengua con burla.

—Ah, sí, mi plaza —sonrió mirando hacia el techo —. Roma se construyó sobre siete colinas, seguro que lo sabes.

El chico asintió y dudó un instante.

—Aventino, Capitolio... —Vitto asintió, aunque Ethan parecía no tenerlo del todo claro.—. Celio, Esquilino... Eh... Palatino... —rió—. ¿Y Quirinale y Viminale?

—Muy bien, estamos subiendo a una de ellas —bufó, fingiendo estar cansado de subir las grandes escaleras que llevaban a lo alto de la plaza —, al Capitolio —sacó un nuevo paquete, más estrecho que el anterior, pero algo más alto —. En italiano se llama Piazza del Campidoglio, y es uno de los sitios más bonitos de la ciudad —empujó el paquete hacia el chico y sonrió —. El edificio del fondo es el ayuntamiento y a los dos lados están los Museos Capitolinos.

Ethan sonrió desenvolviendo el paquete y Vitto permaneció en silencio mientras recorría la figura del caballo con los dedos.

—¿Es la estatua del centro? —preguntó con una sonrisa.

—Sí —afirmó, y lanzó un suspiro —. Este regalo no es mío, es de Giancarlo. Le hemos venido siguiendo a él —se giró un poco en la silla, acomodándose y observó el caballo —. Marco Aurelio es su emperador romano preferido, dice que fue un gran hombre —frunció los labios y miró a Matt, encogiéndose de hombros. El moreno alzó las cejas —. Me gustó en Gladiator, es todo lo que puedo decir de él. Dice que si tienes que tener algo de un emperador romano, tiene que ser de Marco Aurelio.

—Pues dale las gracias a Giancarlo de mi parte —rió el chico.

—Negará haberte regalado nada, así que podemos seguir —agarró de improviso la mano de Ethan —. Por cierto, como anécdota te contaré que este fin de año, cuando acabamos la fiesta, Giancarlo y otro chico, el que nos ha ayudado a mover Roma, fueron a "presentarle nuestros respetos a Marco Aurelio" —rió, y Ethan no tardó en acompañarle —. Giancarlo iba más borracho que Alessandro, creo que se arrodilló y todo. En fin... Encoge los dedos, salvo el índice —Ethan se apresuró a obedecerle —. Lo que me gusta de esta plaza son los dibujos del suelo. También los diseñó Miguel

Ángel, pero se pusieron antes de la Segunda Guerra Mundial.

Comenzó a mover el dedo del chico en la mesa, creando el patrón, anillos concéntricos en forma de estrella que rodeaban una central, de doce puntas cuyo centro se encontraba en el sitio en el que Ethan había dejado la réplica de la estatua.

—Es muy bonito —dijo, y Ethan asintió.

—¿Dónde vamos después?

Vitto sonrió. Parecía que Ethan estaba disfrutando aquello. Tendría que darle las gracias a esos dos en cuanto llegase a casa.

—Ahora vamos a bajar por estas escaleras demoníacas —bromeó, apartándose del chico para sacar un nuevo paquete, algo más grande que los otros dos —. Y vamos a pasar junto a los foros imperiales, que entraremos otro día, porque hoy ya están cerrados, y nos paramos justo aquí —colocó el paquete frente a Ethan —. Esto es Piazza Venezia. Plaza Venecia, en inglés.

Ethan asintió y comenzó a recorrer la miniatura con los dedos. No era la mejor que habían podido conseguir.

El monumento a Vittorio Emmanuele II era tan grande que las miniaturas propiamente dichas no le hacían justicia. Aquello era lo mejor que había sin tener unas dimensiones o un precio excesivo, pero muchos detalles no quedaban plasmados. Se veían las escalinatas y la gran estatua ecuestre del rey, así como la tumba del soldado desconocido y la terreza superior, coronada por victorias en aurigas, pero se le antojaba tosca en comparación a las otras.

—Tiene un montón de detalles —apuntó Ethan. Vitto alargó la mano hasta coger la del chico y comenzó a guiarle.

—Es el monumento al unificador e Italia —le explicó llevando la mano del pequeño hasta la estatua del centro —. Esta es su estatua. Se llamaba Vittorio Emmanuele, o sea, que en realidad es mi estatua ecuestre, pero no me gusta pregonarlo por ahí —bromeó. Hizo que el chico subiera un poco la mano y acariciara con los dedos una nueva estatua que estaba pegada a la pared —. Esta es Italia. Está coronando la tumba de un soldado desconocido de la Primera Guerra Mundial —apartó rápidamente los dedos del chico —. Ten cuidado, Italia lleva en la mano una llama que siempre está encendida, no te quemes.

El chico encogió los dedos, riendo.

—Auch —bromeó—. ¿Por qué? ¿Qué simboliza?

—¿La llama eterna? —preguntó —. Es una forma de rendir homenaje a los soldados caídos por Italia. Mantener su espíritu vivo —hizo una pausa, pensativo. Tras un instante parpadeó y suspiró —. Siento que no se vean mucho los detalles, pero ya ves que está construido en mármol blanco y eso hace que sea muy molesto cuando hay mucho sol. Brilla y acaba deslumbrando —apartó las manos de Ethan y le dio un suave golpe en la mejilla —. A la mayoría de los italianos no nos gusta, es demasiado... pomposo.

—Es bonito —opinó Ethan—. Fuera de Italia, todos.

Vitto rió mientras el chico continuaba tanteando con los dedos por la superficie del monumento. Permaneció mirándole en silencio un momento. Le había costado bastante trabajo aprenderse todos los detalles, y estaba convencido de que no estaba diciendo todo lo que Giancarlo y Alessandro le habían enseñado sobre cada monumento, pero Ethan parecía contento con lo que decía y eso le bastaba. Apenas fue consciente de cuando el chico dejó la réplica sobre la mesa y se giró hacia él.

—Me has traído Roma de verdad —dijo. El italiano parpadeó.

—Te dije que lo haría —esbozó una sonrisa mientras sacaba un nuevo paquete —. Aún quedan cosas por ver, ¿seguimos?

Tras el Il Vittorino llegó el Panteón, donde se entretuvieron un rato antes de pasar a la Fontana di Trevi y Piazza Navona. Vitto le explicó que aquella miniatura era un regalo de Alessandro, que había decidido que Vitto le llevase su lugar preferido de Roma, al igual que había hecho Giancarlo. "Por cuidar de mí", le explicó. Por último, Vitto sacó una réplica del castillo de San Angelo y finalizó la "visita" con la Basílica de San Pedro del Vaticano.

Cuando finalizaron, la mochila del italiano estaba vacía, a excepción del falso regalo de Christian, y en la mesa se agolpaban ocho réplicas detalladas de monumentos italianos.

—Aquí acaba la primera visita —anunció, recibiendo un breve aplauso por parte de Matt que no supo cómo interpretar —. Otro día seguimos, hoy ya hemos andado demasiado, ¿no crees?

—Sí, empiezo a estar cansado.

Vitto sonrió y le observó en silencio. Ethan se tomó unos segundo para sí mismo antes de alargar la mano hacia él y asirse a su brazo. El italiano se inclinó hacia delante, respondiendo al abrazo del pequeño.

—Muchas gracias, Vitto —murmuró con la cabeza apoyada en su hombro izquierdo—. Es el mejor regalo que me han hecho nunca — el italiano rió algo nervioso ante aquellas palabras —. Nadie había hecho algo así por mí.

—No tienes que agradecer nada, lo he hecho encantado —aseguró. Subió la mano hasta la nuca del chico y jugueteó con los mechones de cabello de su nuca —. Y Giancarlo y Alessandro también, esos se lo han pasado mejor que nosotros dos juntos —bromeó —. Estarán encantados de enseñarte Roma en condiciones cuando vayas mientras yo me quejo dramáticamente y os pido que volvamos a casa.

Ethan rió y se separó de él, algo que Vitto no agradeció en absoluto.

—¿A qué hora tenías las prácticas, Vitto? —el moreno se sobresaltó al escuchar a Matt. Chris estaba bastante interesado en las miniaturas, al parecer.

—Pues —miró el reloj. No era tarde, pero ya había acabado el supuesto descanso para comer —. Debería estar allí en media hora o cuarenta minutos —anunció —. Llego bien, ¿no?

—Si nos vamos ya, sí —intervino Christian.

—Tus regalos te los daremos la próxima vez que nos veamos —Ethan asintió a las palabras de Matt.

—¡Te los puedo llevar a la clínica!

—Es mala idea —aseguró —. Me meteré en un lío si se enteran de que somos amigos, ya sabes —suspiró y apoyó la mano sobre el hombro de Ethan —. Tenemos que mantenerlo en secreto como un romance entre Montescos y Capuletos.

—Espero que no terminemos como ellos —Ethan rió y apretó con suavidad su mano. Vitto negó con la cabeza, divertido.

—¿Nos vamos entonces?

El italiano alzó la mirada hacia Christian, que había dejado de analizar las miniaturas y se había centrado en ellos.

—Sí, vamos —apartó la mano el hombro de Ethan y se puso en pie, llevando la silla a su sitio —. Tengo pacientes que cuidar.

Matt comenzó a recoger sus cosas mientras Christian guardaba los regalos de su hermano en la mochila, con mucho cuidado de no romperlos. Una vez todos tuvieron sus efectos personales a buen recaudo, salieron de la cafetería y regresaron a Brighton.

El viaje de vuelta fue una continuación del que habían hecho a la hora de ir a la universidad. Christian se dedicó a intentar mantener sus nervios tranquilos mientras Ethan y Matt reían y cantaban cada canción que conocían de las que Vitto ponía desde su mp3. Cuando por fin llegaron a la clínica, Chris aparcó en segunda fila y se giró hacia el italiano.

—Vale, fuera del coche —Vitto le sonrió, divertido, mientras escuchaba reír a Ethan. Le gustaba ese nuevo Chris, era divertido.

—Yo me quedo aquí también.

El italiano miró a Matt por el espejo retrovisor mientras se desabrochaba el cinturón. Se giró sobre el asiento y sonrió al pequeño.

—En realidad no tengo prácticas, vamos a fugarnos juntos —anunció a Ethan antes de alargar la mano y presionar suavemente la pierna del chico —. Hablamos luego, ¿vale, topi?

—¡Lo sabía! —Vitto sonrió cuando el chico apretó con suavidad su mano—. Que te vaya bien en la clínica —sonrió. Vitto le dio una suave palmada en la pierna y se despidió de Christian antes de salir del coche, mientras Ethan y Matt continuaban hablando.

El moreno salió del coche unos segundos después y cerró la puerta sin más. Ambos se apartaron, caminando hacia la acera, y Vitto se despidió con un gesto cuando Christian arrancó el coche y se alejó.

—¿Por qué no has dejado que te lleve?

Matt se encogió de hombros, sin esfuerzo aparente por fingir encontrarse bien. Vitto ladeó la cabeza con curiosidad.

—Da igual. Suerte en las prácticas, Vitto, y muchas gracias por el regalo.

El chico echó a andar calle abajo. O lo intentó. El italiano apoyó la mano en su hombro antes de que pudiera ir demasiado lejos.

—No tengo prácticas —confesó —. No se lo digas a Ethan, quería que nos quedásemos solos.

—Me siento halagado, Vitto —el chico alzó las cejas y Vitto supuso que pretendía hacer una broma, pero definitivamente no fue uno de sus mejores intentos —, pero no eres mi tipo.

—¿Seguro que no quieres desahogarte, Matthew?

El chico le miró durante un momento en el que Vitto se limitó a ladear la cabeza. Matt negó y suspiró.

—Da igual. Chris y yo hemos cortado, no hay más —pasó una mano por su pelo, frustrado y miró calle abajo. Vitto aún mantenía la mano en su hombro, y permaneció mirándole sin decir nada —. Es mejor que me vaya, Vitto.

—No deberías guardarte algo que te está haciendo daño —susurró —. Supongo que Ethan no es la persona adecuada para hablar de esto, no sé si Jeremy o Melanie lo son —apartó la mano del hombro del chico y le revolvió el pelo —. Pero necesitarías hablar de esto con alguien, y espero que si lo necesitas recuerdes que tienes mi teléfono ¿vale?

—¿Hablas como psicólogo o como amigo? —una sonrisa desganada intentó iluminar el rostro del chico, sin mucho éxito —. De verdad, Vitto, no importa. Gracias por preocuparte.

—Como el hermano mayor que no tienes —se limitó a decir, dedicándole una sonrisa sincera —. Si me permites el atrevimiento.

Matt sonrió más ampliamente.

—Claro que te lo permito.

Permanecieron mirándose en silencio durante un momento. Matt parecía hacerse cada vez más pequeñito, frunciendo los labios y observando el cielo encapotado.

—Es que no me resulta cómodo hablar de eso, Vitto —admitió—. Pero no te preocupes. En serio.

—Lo entiendo —asintió el italiano, lanzando un suspiro —. ¿Qué te parece, entonces, un intercambio de información? Tú me cuentas qué ha pasado y yo te cuento algo que me resulte incómodo de hablar a mi.

A decir verdad, Matt se pensó aquello más de lo que Vitto había esperado.

—Está bien —aceptó, consiguiendo que Vitto le sonriera —. ¿Podemos ir a otro sitio?

Vitto se dejó guiar por Matt hacia una cafetería cercana. Pidieron en la barra y una vez tuvieron sus bebidas tomaron asiento cerca de las cristaleras que daban a la calle. Vitto dejó el café sobre la mesa y observó al chico mientras se quitaba el abrigo.

—Bueno, cuéntame. ¿Qué te pasa por la cabeza, Matt?

—He cortado con Chris —explicó, torciendo el gesto mientras él se inclinaba hacia delante en la silla—. O Chris ha cortado conmigo. No sé.

Era la primera vez que veía a Matt realmente como el niño de diecisiete años que era. Parecía muy pequeño allí, hundido en la silla mientras rodeaba con las manos la taza de chocolate. Vitto ladeó la cabeza.

—¿Por algo en particular? —preguntó —. Ah, ya, has decidido aceptar mi propuesta de cambiarle por alguien con un acento sexy como Giancarlo, ¿verdad?

El chico rió, divertido.

—Ojalá —negó con la cabeza suavemente—. Empecé a cagarla con mi regalo de Navidad... Y bueno. A partir de ahí todo ha ido cuesta abajo.

—No entiendo por qué un regalo de Navidad puede conllevar una ruptura —susurró, pensativo. Quizás estuviese perdiéndose algo, pero no le encontraba lógica a todo aquello —. Sólo son regalos...

—A ver, es que... —el chico le rehuyó la mirada y comenzó a remover su bebida —. Chris es un poco orgulloso. Y yo a veces me paso con los regalos.

—He vivido esa situación —le aseguró con una sonrisa. Apoyó la mano sobre la taza de café, pero aún estaba demasiado caliente —. Pero no está mal que lo hagas siempre que no esperes de él algo similar sabiendo que no puede hacerlo. Es un regalo, nadie te obliga a gastarte x dinero, lo haces porque quieres y porque puedes y mientras no sea excesivo y continuado, Chris no debería tener problemas con ello.

—Ya... , es lo que yo le digo. Pero... —Vitto frunció el ceño ante la mirada perdida de Matt. No tenía absolutamente nada que ver con el chico de siempre —. A Chris a veces le molesta —fijó de nuevo la mirada en él —, y este año pues... Ha sido el detonante.

—Detonante —repitió. Se armó de valor y cogió la taza, dando un primer sorbo que casi le quema la lengua —. Dios, esto es lava —se quejó, posando de nuevo la taza en la mesa —. ¿Qué has hecho detonar? Chris no te ha dejado sólamente porque le hayas hecho un regalo caro, ¿verdad?

—No, no. Pero... —Vitto se llevó la taza a los labios de nuevo mientras Matt suspiraba y removía su bebida. Se llevó la cuchara a la boca y probó el chocolate con aire distraído —. A ver, le regalé un fin de semana en un hotel rural. Quería que fuéramos a esquiar.

Vitto asintió. Volvió a dejar la taza sobre la mesa y suspiró, pasándose la mano por el pelo.

—Si Chris no lo quiere puedo hacer el esfuerzo de ir contigo —aseguró, en tono serio pero con una sonrisa que le delataba —. No puedo darte todo lo que te daba él, pero puedo intentar ser igual de quisquilloso.

Matt rió.

—En realidad se lo tomó medio bien —explicó, consiguiendo que él frunciera el ceño, confundido —. O sea, le costó aceptarlo y eso pero se notaba que le había hecho ilusión...

—¿Cúal es el problema entonces?

Matt suspiró antes de continuar.

—Que mis padres no querían dejarme ir.

Vitto le miró en silencio. Se había preguntado muchas veces que opinaban los padres de Matt respecto a todo aquello, pero por alguna razón había acabado asumiendo que su opinión era similar a la de los padres de Christian.

—Ya... —cogió de nuevo su taza de café y la alzó para dar un trago, antes de lo cual preguntó —, y a Christian le ha entrado una nueva paranoia de que lo que hacéis no está bien, ¿verdad?

Matt le dio la razón con un suave gesto de la cabeza.

—A mis padres nunca les ha parecido bien —comenzó a explicarle—. Ni que estuviera con un chico ni mucho menos que fuera Chris —Vitto ladeó un poco la cabeza.

Si no hubiese sido un tema tan importante habría hecho alguna broma al respecto—. Y cuando les dije lo del viaje discutí con ellos. Al contárselo a Chris él se puso de su parte.

Cerró los ojos mientras se preguntaba a sí mismo cómo alguien podía ser tan cabeza hueca como para tirarse piedras a su propio tejado. Cuando volvió a abrirlos, apenas unos segundos después, se aclaró la garganta antes de continuar.

—¿Qué problema tienen tus padres con él? Aparte de la edad —preguntó —. Está estudiando una buena carrera, te trata bien, es de una familia que conocéis y sabe comportarse. Creo... Bueno, no estoy muy seguro de eso —frunció el ceño, Matt sonrió —. Olvida lo de comportarse —bromeó.

El chico se encogió de hombros mientras él daba vueltas al café.

—Mis padres son un poco... superficiales —admitió. Vitto se sorprendió no sorprendiéndose por ello —, y da igual lo que les cuente de Chris, se piensan que es una mala influencia para mí. Creen que va a meterme en la droga o algo. Además, Chris no los soporta, y aunque es educado y eso cuando está con ellos... Se le nota.

"Que extraño, Chris sin saber disimular", pensó, irónico. Llevó la mano hacia sus hombros, buscando inconscientemente algún mechón de cabello. Mierda, tenía que acostumbrarse a llevar el pelo corto otra vez.

—Chris no es mala persona, pero le falta algo muy importante que es el saber estar y el disimulo —explicó el italiano encogiéndose de hombros —. Aunque tus padres o cualquier otra persona le desagraden no se hace ningún favor demostrándolo, aunque sea un odio mutuo.

Miró a Matt un momento, pensativo. No se le ocurría demasiado que hacer o decir, lo cierto era que todo aquello dependía más de Christian que de Matt.

—No te preocupes, Matt —dijo al fin —, sólo es una racha, seguro. Aún eres pequeño y tus padres te están intentando proteger. Chris no parece la mejor influencia el mundo, pero se acabarán dando cuenta de que no todo es lo que aparenta —le dedicó una sonrisa —. Y Christian tiene que aprender que ya no es un niño y que no puede escudarse en el "soy así", hay momentos en los que necesitará comportarse como un adulto más que para conducir y beber.

Se echó hacia atrás en la silla. Le daba pena haber llevado al chico hasta allí y haberle obligado a contarle todo aquello para no poder ofrecerle más que unas palabras que no harían que dejase de sentirse mal.

—Siento que no haya sido una conversación muy fruct ífera...

—No te preocupes. Si tienes razón en todo —Vitto hizo un gesto con la cabeza, con falso ego, y sonrió —. El problema es que Chris también tiene esas... dudas, digamos, y basta que alguien más lo mencione para que se las confirmen —Vitto le observó dar un largo trago a su bebida antes de clavar la mirada en él —. Te toca.

El italiano tomó aire y suspiró. No estaba seguro de si sería buena idea de hablar de aquello con Matt, pero sabía que se lo debía. A fin de cuentas, él le había contado todo aquello. Además, no era para tanto. No es que Matt no lo supiera de todas formas.

—Creo que me gusta Ethan —anunció sin más para luego llevarse la taza a los labios y dar un gran trago.

Matt se limitó a enarcar las cejas, sonreír y soltar la taza sobre la mesa.

—¿Y eso? —preguntó —. Aunque mentiría si dijera que no lo sospechaba.

—No jodas, llevas todo el trimestre pasado riéndote de mí con indirectas —le espetó, bromista, consiguiendo que riera —. No lo sé, simplemente me gusta. En realidad no lo creo, lo sé —hizo una pausa en la que se dedicó a jugar con la correa de su reloj —. No debería, pero...

Se encogió de hombros y desvió la mirada hacia la cristalera, observando la calle.

—¿Por qué no deberías? —se giró hacia Matt cuando el chico le preguntó —. Y no me digas que por la edad, por favor.

—No, no es... —negó con la cabeza y suspiró —. Para empezar, ni siquiera debería ser amigo suyo. Se supone que voy a tener que tratarle en algún momento y ahora mismo ni siquiera sé cómo decirle a su psicóloga que no puedo entrar en sus consultas —admitió —. Y no voy a quedarme en Brighton siempre, tendré que regresar cuando acabe el curso y... todo eso de Jeremy —se pasó una mano por el pelo —. Son muchas cosas.

Matt rió con suavidad, sin aparente razón. Vitto frunció el ceño confundido, pero decidió pasarlo por alto.

—Entonces, ¿no vas a hacer nada? — preguntó, parecía desanimado. Debía estar pasándolo en grande con todo aquello.

—No por ahora —aseguró —. Prefiero que las cosas avancen lento a tirarme encima de Ethan. Es algo que no me ha dado buenos resultados últimamente —le brindó un guiño al chico antes de apurar su café. No quería meterle prisa, pero no había mucho más que decir en aquella conversación y tanto Matt como él aún tenían cosas que hacer —. Eso de que tenías cosas que hacer, ¿era una excusa o es cierto?

—Excusa —admitió el chico, sonriendo. Vitto negó con la cabeza, divertido, mientras Matt apuraba su chocolate—. ¿Qué te haría decidirte a dar algún paso con Ethan?

—No lo sé —se encogió de hombros mientras echaba una ojeada a su reloj —. Para empezar, que no esté con Jeremy —bromeó —. Alguna señal, supongo. Lo sabré cuando ocurra —dedicó una amplia sonrisa a Matt —. Tengo que irme, Matt. ¿Quieres que te acompañe un trecho a casa y nos despedimos a mitad de camino?

El chico se puso en pie con rapidez y cogió su chaqueta.

—No hace falta, no quiero entretenerte más — dijo —. Mi casa no está tan lejos, de todas formas.

—¿Seguro? —no creía que Matt tuviese problema alguno en regresar solo, pero prefirió insistir.

—Claro. ¿Vamos? —sonrió y esperó a que Vitto también estuviera listo; tras eso, salieron del local y se detuvieron frente a la puerta—. Yo me voy por ahí —señaló, calle abajo.

—Claro. ¿Vamos?

Vitto se puso en pie, cogió sus cosas y siguió a Matt hasta la puerta del local. Mientras se colocaba la chaqueta, el pequeño señaló calle abajo.

—Yo me voy por ahí —le explicó.

—Yo cojo el autobús en la plaza —le dedicó una sonrisa mientras cerraba la cremallera —. No te agobies por lo de Christian, seguro que entra en razón, ¿vale?

—Ya, bueno... —suspiró. La sonrisa que se dibujó en sus labios no le dio demasiada buena espina—. I can't forget my English love affair... —Vitto se echó a reír antes de que Matt se acercase y le diese un breve abrazo que el italiano respondió sin dudar—. Nos vemos, Vitto. Y gracias.

—De nada —murmuró, y le revolvió el pelo antes de dejar que se alejase —. Hasta luego.

Matt echó a andar calle abajo. Vitto le observó en silencio unos segundos antes de dar la vuelta y caminar hacia la parada del autobús de la plaza. Aún tenía un par de horas antes de que tuviese que volver a casa para cenar.

El viaje en autobús fue más largo de lo que había esperado. La única vez que había estado en aquel edificio había ido en coche y las paradas del transporte público habían dilatado considerablemente el tiempo de viaje. Subió las escaleras hasta el piso correspondiente de dos en dos. Menos mal que tenía buena memoria, porque las puertas eran absolutamente iguales. Antes de llamar al timbre, se aseguró de estar frente al número que señalaban los buzones, y tras colocarse bien la chaqueta, pulsó el timbre sin más. Unos segundos después, Derek apareció al otro lado de la puerta.

—Buenas tardes, señor Keighley —saludó, con una sonrisa —. ¿Está Christian en casa?

Capítulo 2

La sorpresa que había supuesto para Derek que estuviese allí no le había pasado desapercibida. Seguramente Ethan le habría dicho que habían vuelto tan pronto porque tenía que ir a la clínica y ahora le parecía ilógico que estuviese allí. Era normal. Tras unos segundos, el padre de su amigo se hizo a un lado en la puerta.

Ah, sí, claro —dijo —. Pasa, está en su habitación.

El italiano le dedicó una sonrisa y un "gracias" antes de entrar en la vivienda. Se quedó quieto en el hall, esperando a que Derek fuese delante suya, y aprovechó para barrer con la mirada aquella estancia como ya hiciera la primera vez que fue. Todo seguía igual de desordenado, casi agradeció cuando Derek pasó por su lado y pudo seguirle hasta el salón.

—Es la puerta del fondo —Vitto asintió.

—¡Vitto! ¿Qué haces aquí?

Era una estupidez, pero le sorprendió ver allí a Ethan. Había pensado (deseado) que estuviese en su cuarto y su visita pasase desapercibida. Pero no.

—Viene a ver a tu hermano —Ethan hizo una mueca, a lo que su padre rió —. Así que no acapares.

Vitto rió suavemente. Derek apoyó una mano en su brazo y se despidió de él con un "estás en tu casa" antes de desaparecer por la puerta de la cocina. El italiano se acercó a Ethan y le revolvió el pelo con una sonrisa.

—¿Estás de paseo por Roma? —bromeó al ver sobre la mesa las ocho figuras que le había dado hacía un par de horas al chico —. Tengo que hablar con tu hermano un momento, pero vuelvo en seguida, ¿vale? No te vayas muy lejos sin mi.

—No sé cómo tomarme eso —Ethan intentó mantener un gesto serio que le traicionó e hizo reír al italiano —. ¿Qué nos ha pasado, Vitto?

—Que ya somos amigos y no puedo ser tu terapeuta, así que voy a intentarlo con tu hermano —bromeó, tirando con suavidad de la mejilla de su amigo —. Sabes que eres mi persona preferida, pero Christian también necesita amor italiano.

"O dos hostias italianas", pensó con amargura.

—Has hablado con Matt, ¿no? —preguntó rascándose la nariz.

—¿Se me ha notado mucho? —rió al ver que el chico asentía —. Dame un segundo, topi, no creo que tarde mucho en decirle que es gilipollas, estoy seguro de que ya lo sabe.

Revolvió el pelo del chico una ultima vez antes de darse la vuelta y dirigirse a la habitación de Chris. Por pura educación, golpeó la puerta con los nudillos.

—¿Christian?

Abrió la puerta tras escuchar al chico decirle que pasara. Se arrepintió al momento. La habitación de Christian era similar en tamaño a la de su hermano, pero no había en ella ningún rastro del impoluto orden de Ethan. Pegada a la pared derecha se encontraba la cama, un revoltijo de sábanas de color azul oscuro que hizo que Vitto apartase la mirada con rapidez. Junto al cabecero, la ventana, donde el rubio estaba asomado, fumando algo que no olía a tabaco, y más a la izquierda habían puesto una gran estantería en cuya parte baja se amontonaban los apuntes y libros, mientras que en la alta lo hacían cds y un auténtico arsenal de objetos (cajitas, figuras, incluso algún sombrero que Vitto supuso que habría utilizado en Halloween o carnaval). En las paredes había vinilos, una camiseta de Nirvana y banderines rojos, del Liverpool, muy similares a los que él tenía de la Fiorentina en casa. El escritorio, pegado a la pared izquierda y separado de la estantería por un espacio que ocupaba una papelera llena de folios arrugados, tenía el mismo desorden de apuntes y cables, y el italiano apenas alcanzó a ver una taza del Liverpool antes de fijar la vista en Christian.

—Por Piaget y su teoría del aprendizaje —murmuró con sorpresa. Dudó un momento, pero finalmente entró en la habitación y cerró la puerta tras él. Avanzó hasta Christian asegurándose de no pisar la ropa o los papeles arrugados que había por el suelo —. ¿Tu madre nunca te ha puesto una escoba en la mano? ¿Estás fumando marihuana, Christian?

Christian le miró como quien veía un fantasma, pero pronto pareció pasarsele la sorpresa y se limitó a mirarle mientras daba una nueva calada.

—¿Qué mierda haces aquí?

—Empezamos bien si estás a la defensiva antes de empiece a decirte lo gilipollas que me pareces —le espetó.

El rubio dejó escapar el humo lentamente, girándose hacia él, y le dedicó una mirada envenenada mientras entrecerraba los ojos.

—...¿Qué has dicho?

—Que me pareces un gilipollas —repitió, acercándose a la cama y apartando las sábanas. No podría estar demasiado tiempo en aquel desorden sin que le diese una parada cardíaca —. Un gilipollas y un infantil —especificó mientras comenzaba a hacer la cama con rapidez.

—... No sé quién coño te crees que eres —gruñó —, pero ya estás tardando en largarte.

Vitto se irguió en cuanto terminó de poner la almohada en su sitio y miró a Chris, dirigiéndose a él con la mayor seriedad que había utilizado hasta el momento en alguna de sus conversaciones.

—No voy a irme, me voy a quedar aquí y vas a hablar conmigo de tus razones para seguir anclado en los quince años, pendiente del qué dirán y siendo capaz de renunciar a alguien que te hace feliz y a quien haces feliz sólo porque sus padres tengan una mentalidad del siglo catorce.

El rubio parpadeó. Vitto supuso que estaba demasiado colocado para asimilar las palabras con fluidez.

—Oh, genial —resopló —. Has hablado con Matthew —tras aquella afirmación se limitó a darle la espalda y continuar fumando —. Cierra la puerta al salir.

—Hablo en serio, Christian, no voy a irme —aseguró, y esta vez se agachó y recogió el pantalón y las dos camisetas que el chico había dejado por el suelo, doblándolas y dejándolas sobre la cama —. He hablado con Matt, sí, y ahora quiero hablar contigo y que me expliques qué te ha pasado —alzó la mano, señalando figuradamente hacia el pasado —. La última vez que hablamos se te caía la polla por Matthew, es imposible que hayas cambiado de parecer en dos semanas. Es más, me confesaste que todos los problemas que teníais eran por culpa del qué dirán y, perdoname —alzó las manos a la altura el pecho y sonrió, burlón —, pero no me creo que de verdad seas capaz de hacer lo que estás haciendo sólo por unos comentarios fuera de lugar de sus padres.

Chris le ignoró.

—La escoba está en el lavadero —se limitó a decir.

Vitto entornó los ojos y salió de la habitación, cruzando el salón hacia la cocina. Respiró hondo antes de asomar la cabeza por la puerta y mirar a Derek con una sonrisa.

—Disculpe, señor Keighley, ¿me podría dejar la escoba un segundo?

Como era de esperar, el hombre frunció el ceño extrañado, pero finalmente salió al lavadero y regresó con la escoba y el recogedor, que le tendió sonriente.

—Toma —Vitto los cogió, sonriéndole de vuelta —. Y llámame Derek, ¿quieres?

—De acuerdo. Gracias, Derek.

Volvió a la habitación tan rápido como había salido y cerró la puerta tras él una vez entró. Chris seguía apoyado en la ventana, fumando, y Vitto no tuvo reparo alguno en golpearle un par de veces con el borde de la escoba.

—¿Y bien?

Christian ahogó un gruñido y se giró. Vitto le miró sentado en la cama y apoyado en la escoba.

—¿Y bien qué?

—¿Por qué dejar a la persona de la que estás enamorado? —preguntó —. Ilústrame.

Chris echó la cabeza hacia atrás y le escuchó suspirar profundamente antes de responderle.

—¿No te lo ha dicho Matt? —preguntó, y el tono de rencor en su voz fue tan notorio que tuvo que reír.

—Vamos, si hubiese pensado que hablarías conmigo de esto y serías el primero en contármelo habría venido a hablar contigo en primer lugar en vez de con él —alargó la escoba, golpeándole de nuevo, esta vez en las costillas —. Dime.

Se quedaron mirándose un instante. Finalmente, Christian cedió.

—Es lo mejor para él —contestó.

—Eres imbécil.

Era con total seguridad la afirmación más rotunda que había hecho en el últimos mes. Christian era imbécil, era un auténtico gilipollas si de verdad pensaba aquello.

—Estarás de acuerdo conmigo en que puede aspirar a más, entonces —Vitto le observó dar una nueva calada casi sin inmutarse por su insulto. Lo cierto era que le estaba sorprendiendo aquel temple.

—Estoy de acuerdo con él en que no tiene sentido —dijo. Había pasado demasiado tiempo mirando el cuarto en general, y su pequeño TOC le obligó a ponerse en pie y comenzar a barrer la habitación, sacando una cantidad de pelusas que le habría provocado un ataque de nervios incluso al desordenado de Giancarlo —. Tu problema son sus padres, e intuyo que su problema eres tú —continuó. Con un movimiento rápido cogió el recogedor —. Entiendo que seáis muy diferentes y que no os llevéis bien, pero no puedes dejar que Matt pague por eso —Vitto fijó la mirada en Christian, con pena, mientras echaba todo lo que había barrido en la ya llena papelera —. Créeme, conozco a mucha gente que ha hecho que sus parejas pagasen sus inseguridades en cuanto al qué dirán y sólo les ha traído desgracias. No puedes renunciar a tu felicidad por lo que opinen otras personas, Christian, que no entiendan algo no quiere decir que esté mal.

—Sólo estás viendo la parte del problema que te ha contado Matt —contraatacó el chico, Vitto le miró un momento y continuó limpiando, atando esta vez la bolsa de basura de la papelera y sacándola, dejándola junto a la puerta para tirarla al salir—. Lo de sus padres sólo es la punta del iceberg — le escuchó suspirar, seguido del sonido del colchón al hundirse bajo su peso —. Es un crío, Vitto.

—No es que lo haya mirado —se excusó —, pero la edad de consentimiento sexual de Reino Unido es de dieciséis años. Creo que Matt tiene más de dieciséis años, disculpame si me equivoco.

—Ese tono condescendiente te lo ahorras —espetó —. Y sé muy bien que tiene edad de consentir, gracias —Vitto le ignoró y continuó recogiendo los papeles de la mesa de Chris, agrupándolos en un montoncito y comenzando a enrollar y guardar los cables en el cajón —. Pero no lo decía por eso. Sigue siendo un crío y se está perdiendo muchas cosas por estar conmigo.

—No te he visto ponerle una pistola en la cabeza para que salgas con él, más bien creo que ha podido ser al revés —aseguró —. No todo el mundo quiere lo mismo, y si Matt quiere salir contigo no es que se esté perdiendo nada que quiera vivir —guardó el cargador del móvil de Christian y lo que parecía un cargador de pilas —. A lo mejor prefiere una relación estable a tontear con diez chicos que van a liarse con él y nada más. Y si hablas de cualquier otra cosa de carácter no amoroso, vamos —cerró el cajón y se giró hacia él —, no eres el típico novio que prohíbe a su pareja hacer cosas, te veo más acercándole a un concierto que diciéndole que no vaya porque tiene que estar contigo.

Christian se limitó a encogerse de hombros.

—¿Te importa estarte quieto de una puta vez?

—Sí —contestó con simpleza mientras echaba una ojeada a la estantería —. No sé, Christian, os conozco muy poco, pero desde que os conozco las veces que mejor te he visto, más alegre, más tranquilo e incluso más amable, ha sido cuando Matt estaba contigo —continuó. Fue sacando los libros uno a uno, ordenándolos por altura —. Ethan también me lo dijo, eres más tranquilo y abierto cuando estás con él, y Matt es más responsable y realista cuando está contigo. Os hacéis bien, tenéis un buen equilibrio —joder, empezaba a sonar como Giancarlo. Con un libro en la mano lanzó una rápida mirada a Chris —. Cualquiera envidiaría vuestra relación —se giró de nuevo y colocó el libro en su sitio —. Menos Giancarlo, pero ya me entiendes.

—Deja de ordenar mi habitación o te corto las manos —insistió el chico. Vitto bufó. Ojalá fuera tan sencillo como simplemente querer dejarlo —. Ya, intuyo que lo que Giancarlo envidia es mi posición, ¿no?

Christian se inclinó hacia delante, dio una nueva calada y cerró los ojos. Vitto se sentó en el suelo y le miró, apilando libros en su regazo.

—¿De verdad quieres tener una conversación sobre qué posición le gustaría a Giancarlo en este triángulo? —preguntó —. ¿O seguimos intentando descubrir qué neurona se te ha fundido?

—No se me ha fundido ninguna neurona —Vitto enarcó las cejas y frunció los labios, demostrando con aquel gesto que discrepaba —. Sus padres saben mejor que yo lo que le conviene y no pienso ser tan egoísta como para ignorarlo. Punto.

—Sus padres serán como todos los padres, creen saber lo que le conviene pero no lo saben —le espetó. Una vez tuvo los libros ordenados se giró un poco y comenzó a ponerlos en la estantería —. Mi padre quería que me quedase en el pueblo y aprendiera su oficio porque pensaba que era lo mejor para mí, y como me digas que era lo mejor te juro que te comes la escoba —le amenazó —. ¿Sabes qué es lo mejor para Matt? ¿Sabes qué es lo mejor para un hijo pero sus padres nunca se lo permitirán aunque sepan que es cierto? —se giró de nuevo para mirar a Chris, con El nacimiento de la tragedia de Nietzsche en la mano —. Aprender solos. Tomar sus propias decisiones y aprender a base de caídas, como todos hemos aprendido —sacudió la mano, haciendo que el libro se moviese —. A menos que la decisión de su hijo atente contra su integridad o su salud física o mental, a menos que su relación sea tóxica, degradante o alienante, un padre nunca debería meterse en eso. Te lo digo como amigo y te lo digo como psicólogo, nadie, ni siquiera un padre, debe coartar la libertad de decisión de otra persona.

Colocó el libro en su sitio, girándose de nuevo hacia la estantería y volvió a dedicar una mirada rápida a Chris antes de continuar.

—Te hacía más de Marx que de Nietzsche.

—Me va el nihilismo —Vitto asintió y se puso en pie. Apoyó la mano en la cadera mientras miraba los discos. Había bastantes —. Es la cuarta vez que cortamos.

Miró a Chris, que se había apoyado en la ventana de nuevo y continuaba fumando.

—A la quinta te damos un bono por fidelidad —comentó, el rubio resopló. Se sacudió las manos y comenzó a cambiar los discos de sitio, de acuerdo a su color —. No entiendo qué quieres decir con eso.

—Que si volvemos a intentarlo terminará habiendo una quinta.

Vitto sintió el impulso de darse un par de cabezazos contra la estantería, pero fue capaz de reprimirlo a tiempo. En vez de eso, se limitó a suspirar profundamente.

—No si dejas de hacer más caso a la opinión de los demás que a tus sentimientos —apuntó. Se apoyó en la estantería y le miró —. Por la cámara de condicionamiento operante de Skinner, Christian —le señaló con una mano —, mírate. Encerrado en tu habitación, si es que a esta leonera se le puede llamar así, drogándote y escuchando Creep y a saber qué otras canciones súper animadas —ironizó —. Y Matt tampoco es que esté en su mejor momento. Intentas ayudarle haciéndoos daño cuando sabes que lo que más le ayudaría es que estuvieras a su lado y le demostrases que sus padres se equivocan, que le quieres y que no eres la mala influencia que ellos creen.

—No lo pillas, ¿no? —preguntó el rubio, girándose hacia él —. Sus padres no se equivocan. Y Matt se merece algo mucho mejor.

—Creo que eres tú el que no lo pilla —le aseguró —. Matt no quiere algo mejor, te quiere a ti. Ni tú ni sus padres sois nadie para decidir por él qué se merece y qué no. Si no quieres estar con él al menos ten la decencia de hacerlo por ti, no porque creas que le haces un favor porque no se lo estás haciendo —analizó a Chris con la mirada y negó con la cabeza —. Lo único que le demuestras así es que no te importa tanto como dices si eres capaz de negarle, de negaros a los dos lo que queréis sólo por la opinión de otros.

No tenía más que decir, y aunque lo hubiese tenido no quería seguir insistiéndole. Christian sabía bien que no tenía razón y sólo esperaba que se diese cuenta cuanto antes. Sin añadir nada más se dirigió hacia la puerta y la abrió, sacando la bolsa de basura y apoyándola contra la pared. Antes de cerrar volvió a asomarse al cuarto.

—Y, Christian —le llamó —. No eres ninguna mala influencia. Incluso yo, cuando nos llevábamos mal, sabía que no lo eras. Es muy triste que te hayas dejado convencer de lo contrario.

Cerró la puerta tras él y cogió la bolsa de basura, llevándola hasta la cocina, donde le preguntó a Derek donde podía dejar hasta que volviese a casa y la bajese al contenedor. Luego regresó al salón y se dejó caer junto a Ethan.

—Bueno, ¿por donde vamos?

—Iba a volver a la estatua de Giancarlo... —explicó el chico, Vitto sonrió inclinándose hacia delante para coger la réplica de la Fontana di Trevi —. Hueles a Chris.

—Quemaría la ropa en cuanto llegase a casa, pero mi cuarto acabaría oliendo a plantación de marihuana —gruñó. Guardó silencio un instante y se apoyó en el respaldo del asiento —. Ains, Ethan...

—¿Qué pasa? —el chico dejó la réplica de la estatua sobre la mesa y se giró hacia él. El italiano no pudo evitar sonreír al encontrarse de nuevo con el azul de sus ojos.

"¿Por qué eres tan bonito?", pensó.

—Te he echado de menos.

—Yo también. Mucho —respondió él, sonriendo. Vitto suspiró y dejó la miniatura sobre la mesa, volviendo a dejarse caer en el sofá con un suspiro —. ¿Qué tal la charla con mi hermano?

—Es imbécil —sentenció. Se dejó caer hacia un lado, apoyando la cabeza en el hombro de Ethan —. Y por imbécil va a perder lo más bonito que tiene después de su hermano.

Ethan rió con suavidad como única respuesta. Vitto suspiró, cerró los ojos, y se perdió en sus propios pensamientos mientras sentía como la mano del chico comenzaba a acariciarle el cabello con tranquilidad.

—¡Tu pelo! —exclamó de repente, haciendo que abriese los ojos.—. Déjame verlo.

El italiano se incorporó, riendo, y se acomodó en el asiento, frente a Ethan.

—Cuando quieras.

El chico se acercó un poco más a él, y Vitto le observó en silencio mientras apoyaba las manos en sus hombros, subiéndolas acto seguido hasta su pelo. Una suave sonrisa acudió a sus labios mientras recorría con la mirada el rostro de Ethan. El rubio pasaba las manos por su cabello, enterrando los dedos en él y obligándole a hacer sus mejores esfuerzos para no olvidar que no estaban solos y que, además, Ethan posiblemente estuviese con Jeremy.

—Se me hace raro —sentenció al fin con una sonrisa —, pero seguro que te queda genial.

—Por ahora todo el mundo coincide en que me queda mejor —aseguró, encogiéndose de hombros y añadiendo en tono bromista —. Sospecho que porque ahora pueden admirar más fácilmente mi belleza.

Ethan rió y Vitto ladeó ligeramente la cabeza mientras le imitaba. Entonces Ethan deslizó las manos hasta sus mejillas y él tuvo que hacer un gran esfuerzo por ocultar la sorpresa que aquel gesto imprevisto le había causado. Su sonrisa se relajó poco a poco, limitándose simplemente a curvar la comisura derecha y fruncir suavemente los labios, dejándole hacer. Lo que en otro momento, con otra persona, le habría parecido incómodo e invasivo se le antojaba algo normal con Ethan. Algo que no le importaría hacer todos los días.

Tal como hiciera la primera vez, el chico se tomó su tiempo en analizar sus rasgos, y como la primera vez hiciera, también en aquel momento se limitó a dejarle hacer, a esperar a que terminase aquel recorrido que iba de sus mejillas a su frente, bajaba por su nariz y volvía a las orejas, deslizándose luego por la zona de la barba hasta que finalizaba en sus labios. No es que fuera incómodo, no lo era, pero tampoco podía evitar que el corazón se le acelerase un poco al sentir el tacto de los dedos de Ethan sobre ellos. No podía no ponerse nervioso con ello, y mucho menos si, además, no apartaba la mirada de aquellos ojos azules.

—Esto va a sonar muy egocéntrico —susurró —, pero me encanta que hagas esto.

—No me lo digas dos veces —respondió en el mismo tono suave, mientras sonreía —. No si no quieres tenerme todo el día con las manos en tu cara.

—No veo la amenaza por ningún sitio...

Ethan ladeó la cabeza y pasó los dedos una vez más por sus labios antes de apartar las manos y pellizcarle la mejilla.

—No sabes lo que dices.

Vitto sonrió. Sus ojos se fijaron en los de Ethan y por un momento aquella continua expresión perdida que los caracterizaba desapareció. Su estómago dio una pequeña sacudida y el moreno casi no fue consciente de cómo su mano se apoyaba en el respaldo del sofá, ayudándole a mantener el equilibrio mientras se inclinaba sobre su amigo sin pensar en lo que estaba ocurriendo.

—Vitto, ¿te quedas a cenar?

Ethan inclinó la cabeza hacia el lugar de procedencia de la voz de su padre y él reaccionó instantáneamente, irguiéndose y volviendo a su posición inicial al tiempo que Derek entraba en el salón.

—Quédate, mi padre cocina muy bien —aseguró Ethan. Vitto le miró en silencio un momento, sintiendo un repentino calor recorrerle el cuerpo. ¿Qué había estado a punto de hacer?

—Ah... claro —dijo, dirigiéndose a Derek —. Si no es una molestia...

—Para nada —le aseguró —. Nos gusta ver caras nuevas por aquí.

Ethan se giró en el sofá, mirando a su padre mientras Vitto sonreía intentando averiguar qué cara pondría Christian al verle sentado a la mesa.

—Siempre hace mucha comida, de todas formas —le explicó el rubio tras girarse de nuevo a mirarle.

—Por eso Matt es bueno para esta familia —bromeó —. Seguro que con él no hay sobras.

—No tiene fondo.

La tarde pasó tan rápida que sólo se dio cuenta de que tenía hambre cuando ya estaban sentados a la mesa. No habían hablado de nada importante pero a la vez había sido una de las conversaciones más interesantes que había tenido. Simplemente no podía parar de escuchar y hablar, era uno de esos momentos en los que cualquier comentario le ataba un poco más al asiento y le hacía permanecer allí, mirando a Ethan con una sonrisa que esperaba no fuera demasiado estúpida.

Christian, sin embargo, no parecía especialmente contento con su presencia, y aunque cuando habló lo hizo con un tono casi bromista, Vitto suponía que seguía molesto por su conversación de hacía unas horas.

—¿No tienes casa o qué? —había preguntado el rubio, propiciando que Ethan le lanzase un trozo de pan que impactó en su hombro e hizo sonreír al italiano.

—Sí, está en Italia —contestó él, apoyando con disimulo la mano encima de la pierna de Ethan —. Cerca de Florencia, cuando quieras puedes venir y vamos a ver algún partido de la Fiorentina, para que veas a un campeón en su campo.

Christian le dedicó una mirada de indiferencia, a diferencia de su padre y su hermano, que rieron alegremente ante su comentario.

—Disculpa a Christian —le pidió Derek mientras volvía de la cocina y dejaba los últimos platos sobre la mesa —. La hospitalidad no es uno de sus fuertes.

—Ah, ¿pero tiene alguno? —rió Ethan por su parte.

—Me conformo con que ya no intente asesinarme cada vez que me ve — aseguró él dedicándole una sonrisa a

Chris. En realidad seguía enfadado con él por todo lo de Matt, pero, a diferencia de Christian, Vitto sabía cómo comportarse con los padres —. ¿Caroline no cena con vosotros?

—Está en el hospital —Ethan asintió a las palabras de su padre—, le tocaba guardia.

—Oh, ya —el italiano miró el plato un momento. En su casa nunca había sucedido algo así, el que la familia no comiese junta. Era extraño —. Qué pena.

Comenzó a comer al igual que los demás. Le frustraba un poco ir a comer o cenar a casas ajenas, especialmente a sitios donde no estuvieran acostumbrados a hablar durante la comida. No sabía si los Keighley lo estaban, pero, desde luego, no iba a preguntarlo. Se limitó a cenar, observando a Derek con disimulo por el rabillo del ojo, analizándole, mientras acariciaba la pierna de Ethan, distraído, hasta que el padre del chico comenzó un interrogatorio que Vitto agradeció enormemente.

A pesar de sus intentos por ser un buen invitado, Derek le impidió ayudar a recoger la mesa. Vitto claudicó tras un par de intentos y se dedicó a pasarle a Chris y Ethan los platos y vasos cada vez que los chicos se acercaban a la mesa. Cuando todo estuvo en su sitio, se trasladaron al sofá. Vitto se habría dejado caer en otras circunstancias, pero esta vez se sentó con tranquilidad junto a Ethan y observó a Chris cuando el chico suspiró y se dirigió a él.

—¿Voy a tener que llevarte a casa? —le preguntó. No parecía muy por la labor.

—Que poco ilusionado te veo con la idea para las ganas que sueles tener de perderme de vista —apuntó él, divertido —. Tengo el bono de autobús, no te preocupes, seguro que tienes cosas en las que pensar.

Esperó una mala mirada de Chris, pero no llegó.

—Lo vago que es supera a su odio por ti. Eso es bueno, Vitto — Ethan rió, apoyándose en su brazo. Vitto le pellizcó la mejilla con una sonrisa—. Aprovecha.

—¿Cómo vas a irte en autobús a la hora que es? Te llevo yo, si quieres.

—No, de verdad —insistió. No le gustaba la idea de hacer que el padre el Ethan sacase el coche a esas horas —. Es tarde para coger el coche, no pasa nada, para eso pago el abono a fin de cuentas.

—No es molestia —aseguró Derek, y Vitto comenzó a sentirse incómodo en el mismo momento en el que el hombre se puso en pie.

—¿Y si te quedas?

Vitto miró a Ethan como si acabase de decir la cosa más extraña del mundo. Ni siquiera se lo había planteado.

—Chris puede llevarte a casa mañana cuando me lleve a clase —continuó —. O a la clínica, o donde sea.

—Taxis Keighley a su servicio.

—Calla —rió el pequeño —. Quédate, Vitto.

El italiano entreabrió los labios, dudando. Miró a Christian un momento y luego fijó la mirada en Derek sin decir nada, esperando su intervención.

—Por mí no hay problema —Vitto esbozó media sonrisa ante las palabras del hombre —. Siempre que no os acostéis demasiado tarde...

—Para nada —aseguró Ethan. Vitto le secundó con una sacudida de cabeza. Luego se giró hacia Christian.

—¿Me dejas un pijama? —le preguntó, con una sonrisa socarrona.

—Por supuesto —Vitto rió ante la falsedad de su sonrisa.

—Podemos ver una peli o algo —propuso Ethan, girándose hacia él.

—¿Qué acabo de decir?

—Oh, venga, es temprano...

—Seguro que caes rendido antes de que acabe —bromeó tirando con suavidad de la mejilla del chico —. ¿Tienes alguna divertida que ver?

—Podemos buscar alguna... Vamos a mi habitación.

Vitto sonrió. Esa frase había dado paso tantas veces a algo que no iba a pasar en aquel momento que estaba empezando a tener ganas de irse. En vez de eso, asintió y se puso en pie.

—Salgamos de aquí antes de que Chris descubra como hacer venenos caseros —bromeó. Ethan le imitó, riendo.

—Ahora voy a llevaros el pijama para Vitto.

El italiano le dedicó una rápida mirada a Chris. Casi parecía una advertencia. Ethan murmuró un simple

"Vale" mientras abría la puerta de su cuarto y pasaban. Estaba tan ordenado como Vitto lo recordaba, lo cual fue un alivio tras el pequeño ataque que le había provocado la habitación del mayor. Ya fuera de la mirada de Derek, se dejó caer en la cama y suspiró. Agarró a Ethan del brazo y le hizo tumbarse a su lado.

—¡Ethan!

—Ay —exclamó el chico —. ¡Vitto!

El italiano hundió el rostro en el hueco del cuello del chico y suspiró.

—Hola.

Sintió los brazos de Ethan rodearle. Imitándole, pasó la mano por su cintura y le acarició por encima de la camiseta con las yemas de los dedos.

—Te he echado de menos —susurró el pequeño. Vitto le dio un beso en el cuello.

—Y yo a ti, topi —admitió —. Mucho.

Permanecieron así durante un tiempo. Vitto sintió como Ethan subía las manos hasta su nuca y le acariciaba el pelo, provocándole suaves cosquillas que le recorrieron el cuello y le fueron adormeciendo poco a poco. Si se hubieran quedado así un poco más, seguramente se habría dormido allí, sintiendo el corazón del chico, pero Ethan rompió el silencio unos segundos después.

—...¿Voy a por el portátil? —preguntó.

Vitto movió un poco la cabeza, con un quejido lastimero y se apartó, dejándose caer junto al chico, en la cama.

—Claro —se estiró un poco y bostezó —. Casi me duermes.

Ethan se incorporó un poco, sonriente.

—Si lo prefieres podemos acostarnos.

Vitto rió con nerviosismo. "Una pésima elección de palabras", pensó.

—Me has prometido una peli divertida y veremos una peli divertida —afirmó con tono bromista dándole un golpecito con el brazo —. Aprovechemos lo poco que queda antes de ir a dormir, ¿no te parece?

El rubio asintió y se puso en pie, caminando hacia el escritorio.

—Como quieras.

Vitto se incorporó en la cama cuando unos golpes secos resonaron en la puerta y esta se abrió dando paso a Christian. Desde que había visto al chico por primera vez había aceptado que era un tío realmente atractivo, pero no había sido consciente de hasta qué punto lo era hasta entonces, al verle allí, andando hacia él con unos pantalones de chándal gris oscuros que bien podría haber sacado del cajón de ropa de la iglesia del barrio, y una camiseta de Radiohead tan gastada que no pudo evitar mirar al chico con curiosidad y sorpresa. Ya entendía por qué Matt insistía en dormir allí tan a menudo.

—Toma — Vitto alargó la mano y se hizo con el pijama que el chico le tendía. Era sencillo, una camiseta negra con un bolsillo cuyo borde era del mismo estampado de los pantalones, cuadros escoceses negros y blancos.

—Gracias —le sonrió un instante, para luego volver a mirarle con confusión —. ¿Por qué llevas un trapo para limpiar el polvo puesto? ¿Quieres que sigamos con la limpieza de tu madriguera?

—Camiseta. Pijama. Trapo. Ese es el orden —apuntó con seriedad —. Todavía le queda.

El pequeño de los Keighley se acercó a la cama y se sentó junto a Vitto, escuchando a los dos mayores.

—¿Le has limpiado el cuarto? —le preguntó, sonriendo divertido.

—Para nada —mintió, encogiéndose de hombros. Luego se giró hacia Chris —. ¿Todavía le queda qué? ¿Desintegrarse? —bufó —. Dime que no te pones eso cuando vas a casa de Matt a dormir.

La reacción de Christian fue inmediata, aunque menos dura de lo que esperaba.

—¿Y a ti qué mierda te importa lo que me ponga o no para ir a casa de Matt?

—Retírate, ahora que puedes —le susurró Ethan. Él sonrió.

—Si sus padres son unos estirados y tú apareces así, creo que entiendo por qué no eres capaz de llevarte bien con ellos —se encogió de hombros, con expresión inocente —. No sabes guardar las apariencias.

—Cuidado, que ha hablado el psicólogo —resopló, hablando en tono ofensivo —. Métete en tus asuntos.

Vitto torció el gesto un momento y se dejó caer hacia atrás en el colchón, suspirando.

—Deberías dejar de tomarte todo como un ataque —dijo, subiendo la mano por la espalda de Ethan y acariciándole —. Sólo quiero ayudaros.

—Muy amable de tu parte —gruñó con sarcasmo, haciendo que el italiano pusiera los ojos en blanco un instante.

—Chris...

—No, Chris no. Ya he tenido bastante por hoy, muchas gracias.

Vitto se pasó una mano por el pelo y suspiró.

—No sé si lo haces por orgullo, por miedo o por qué —murmuró —, pero no hace falta que vayas siempre como si las cosas no te afectasen y no necesitases ayuda. No es de valientes y fuertes enfrentarse solo a todo, lo es mucho más quien deja al lado el orgullo y acepta que no puede hacerlo sin ayuda.

Christian resopló tras mirarle en silencio durante un instante. Vitto le observó por el rabillo del ojo cuando se alejó hacia la puerta, y cuando la cerró y volvió sobre sus pasos, caminando hacia el escritorio de Ethan y tomando asiento, el italiano se incorporó un poco y le miró.

—¿Te han dicho alguna vez que eres insoportable? —Ethan rió ante las palabras de su hermano. Vitto sonrió y se encogió de hombro con resignación.

—Más a menudo de lo que te imaginas —aseguró —. ¿Vas a explicarnos cuál es el problema, entonces?

—El problema es que te creas alguien para decirme lo que...

—¡Chris! —exclamó de pronto Ethan —. Deja de portarte como un gilipollas de una vez, ¿quieres?

Vitto miró al pequeño con la misma expresión confundida y sorprendida que su hermano. Nunca se había imaginado al chico plantándole cara de esa manera al mayor, y a juzgar por el silencio de Christian, nunca lo había hecho. Vitto esbozó una pequeña sonrisa y le acarició la pierna al rubio.

—¿No te quedó claro antes o qué? —preguntó Christian tras una breve pausa. Parecía estar recomponiéndose aún de la salida de tono de Ethan.

—Antes se han dicho muchas cosas. Estaría bien que enumerases los problemas por si podemos encontrar una solución entre los tres.

Se sentó bien en la cama. Había dejado el pijama a su lado, junto a la almohada.

—Son sus padres, pero ¿qué exactamente?

—No son sus padres —le espetó con pesadez, Ethan bostezó y Vitto frunció los labios —. Sus padres tienen razón, ya te lo dije.

—Es muy triste que pienses eso, ya te lo dije —gruñó él —. Bien. Eres una mala influencia porque... Bueno, puedo hacer una lista alfabética de esto, pero nos fijaremos en los puntos más importantes —se giró un poco hacia Ethan —. ¿Por qué es Chris una mala influencia para el mundo?

—Pues a ver...

—Ahórratelo —interrumpió el mayor —. Es muy simple. No quieren que esté con Matt porque le saco siete años, no soy una tía, no doy un palo al agua y parezco un drogadicto. ¿Contento?

Ethan se tensó. Vitto pensó que seguramente estaría intentando no tirarle un zapato a su hermano. Él también lo estaba haciendo.

—Mis padres se sacan nueve años —apuntó —. Ahora que hemos aclarado que lo de la edad es ¡una soberana gilipollez! —exclamó, y Ethan dio un pequeño brinco en el sitio por la sorpresa. Se aclaró la garganta y continuó —. Tampoco puedo cambiarte de sexo —ladeó la cabeza, pensativo —. A ver, como poder... puedes hacerlo. Te costará dinero y aunque te hormones tienes un cuerpo muy masculino, no te verías como una princesita —miró a Chris —. Pero quizás no les importe.

—Papá siempre ha querido una niña —Vitto rió ante el comentario de Ethan. Chris se pasó una mano por la cara, seguramente intenta no matarles allí mismo.

—Descartado. Siguiente.

—¿Has pensado en intentar cambiar un poco tu forma de vestir y de comportarte aunque sólo sea delante de ellos?

Estaba convencido de que Chris iba a levantarse y marcharse de allí en ese mismo instante, pero era un riesgo que debía correr. Ethan se giró hacia un lado e intentó reprimir una risa que también amenazó con hacerse dueño del italiano ante el gesto de Christian.

—No pienso disfrazarme cada vez que vaya a ver a mi novio.

—Qué curioso —comenzó —, para tí comportarte significa disfrazarte. No te ofendas pero, ¿os han educado personas diferentes o simplemente Ethan asimila los buenos modales mejor que tú?

—¿Pero tú que te crees que hago cuando voy a casa de Matt? —el mal humor de Christian era cada vez más claro, pero eso sólo conseguía hacerle reír —. Me cago en la puta, ni que me dedicara a meterle fuego a los sillones.

Ethan estalló en carcajadas. Vitto negó con la cabeza, sonriente ante la idea y suspiró.

—No lo sé, ¿qué haces que tan mal les sienta? —preguntó —. ¿Todo se reduce al aspecto físico o tampoco eres capaz de disimular las malas caras? —hizo una pausa en la que analizó al chico con la mirada —. No le habrás pegado una patada al gato, ¿no?

—Por favor —el chico puso los ojos en blanco —. Vete a la mierda.

Se quedaron en silencio. Vitto frunció los labios intentando buscar la forma de decirle a Chris algo que estaba convencido que no quería escuchar.

—No sé qué imagen tienes de mí, pero por increíble que te parezca sé comportarme de acuerdo a cada situación.

El moreno levantó la mirada hacia él aún algo ensimismado por haber estado perdido en sus propios pensamientos. Tomó aire, suspirando profundamente, y lo dejó escapar con suavidad.

—Entiendo que no te guste, Christian —dijo —, pero vivimos en una sociedad en la que la gente nos juzga por el exterior, por la imagen que le estamos dando —hizo una mueca, analizando al chico —. Es muy injusto, pero es lo que hay, especialmente con las personas adultas. Y, sí, tú no das la imagen de una persona fiable. Quizás deberías intentar encontrar la forma de darla sin modificar quien eres.

Christian frunció el ceño y Vitto le vio apretar los puños con rabia.

—¿Qué sugieres? ¿Que me compre un polito y unos pantalones de pana?

—Seguro que estás muy guapo —bromeó —. Pero pensaba en algo más neutral. Yo no voy de camisa y pantalones de pinza, pero, modestia aparte, los padres suelen fiarse de mí porque doy buena impresión.

Christian alzó las cejas pero no comentó nada. Ethan, por el contrario, sí lo hizo.

—¿La das? —preguntó. Vitto le dió un golpecito en la nuca.

—La doy, y mucho más ahora que me he cortado el pelo —aseguró con cierta indignación ante la incredulidad de los chicos —. Hasta los padres de Giancarlo creen que soy buena persona aunque sea pobre y crean que su hijo no debería juntarse conmigo —alzó la mirada y la clavó en el techo —. Y estoy convencido de que a los padres de Matt también les daría buena impresión.

—Pues, "no te ofendas" —replicó el mayor y él sonrió y negó con la cabeza. No es que Christian fuera especialista en ofenderle —, pero tampoco creo que des mucha mejor impresión que yo.

El moreno ladeó la cabeza y esperó un instante antes de responderle.

—¿Sabes cuál es la principal diferencia entre nosotros, Chris? —preguntó, pero no le dio tiempo a responder —. Que yo sonrío mucho más a menudo que tú. Y que intento mantener conversaciones con la gente y a veces una sonrisa y el interés educado en alguien es una de las mejores cartas de presentación.

—Ya —comentó el otro sin darle demasiada importancia —. Enhorabuena por ser míster simpatía.

Vitto frunció los labios y ladeó la cabeza con resignación. Era complicado hablar con Christian porque todo se lo tomaba como un ataque. Incluso lo que claramente no lo era.

—Y eso confirma tu teoría, Vitto —rió el pequeño, inclinándose hacia él.

—Tú a callar.

El italiano se encogió de hombros.

—No te voy a decir que hagas nada que no quieras hacer, pero piénsalo —concluyó —. Ya no es sólo por los padres de Matt, una buena impresión es necesaria en la universidad, en el trabajo —alzó la mirada al techo, pensativo —, los buenos contactos se consiguen hablando con la gente, y para eso abre más puertas una buena impresión. No te estoy diciendo que limpies tu cuarto para que los padres de Matt crean que eres una persona responsable, pero cuando vayas a su casa intenta no llevar los vaqueros viejos o rotos ni una camiseta de... ¿yo qué sé? Un grupo de música —hizo un gesto, enfatizando sus palabras —. De puertas para dentro vístete y haz lo que te dé la gana, pero cuando vayas a un sitio así intenta ser más formal. No hace falta que lleves un traje de chaqueta, pero a lo mejor en vez de una camiseta de Nirvana y los vaqueros de cuando estabas en el instituto, les harás pensar que no eres una mala influencia si llevas una camiseta sencilla o divertida o... en fín, y unos vaqueros que no hayas destrozado todavía.

Miró a Chris un momento antes de echarse hacia atrás en la cama.

—Sólo es una sugerencia —dijo al fin, y se apresuró a añadir —. Ah, y sonríe. No se te va a rajar la boca por sonreír.

—No soy de sonrisa fácil —apuntó Christian con simpleza tras suspirar —. A ver si ahora tampoco voy a poder ser serio.

Vitto le sostuvo la mirada cuando el chico se puso en pie. Hizo un gesto de dolor cuando escuchó el crujir del hombro del rubio, y deslizó la mano de nuevo hacia la espalda de Ethan, haciéndole cosquillas.

—No tardéis en acostaros.

—¿No quieres ver una peli con nosotros? —preguntó mientras Ethan reía con suavidad.

—Tengo que estudiar —se excusó Christian mientras caminaba hacia la puerta. Vitto le miró con curiosidad cuando paró al llegar y la vuelta y se giró de nuevo hacia ellos —. Gracias, supongo.

Cerró la puerta antes de que Vitto pudiera responder, pero eso no evitó que una sonrisa se dibujase en los labios del italiano.

—No me lo creo —dijo de pronto Ethan girándose hacia él.

—Lo ha dicho por limpiarle el cuarto —aseguró y Ethan se echó a reír—. Créeme. ¿Dónde está mi peli?

—Estaba esperando a que terminara la sesión —Vitto le golpeó suavemente con el dedo en las costillas —. ¿Qué quieres ver?

—Algo divertido, ¿tienes alguna peli preferida de risa?

Observó al chico, que permaneció en silencio un momento. De pronto una sonrisa acudió a sus labios al tiempo que se giraba hacia él.

—Bueno... Más o menos —rió—. ¿Cómo te llevas con el humor absurdo?

Obviamente la respuesta fue "Genial" y propició que Ethan le pusiera la película más absurda que había visto hasta la fecha: Monty Python and the Holy Grail. El argumento tenía su sentido, no mucho, pero algo tenía, y fueron pocas las veces que el italiano tuvo que preguntarle a Ethan alguna broma que no terminaba de comprender. De hecho, fueron más las veces que Christian golpeó con rabia la pared que comunicaba su cuarto con el de su hermano para hacerles entender que tenían que bajar el volumen de las carcajadas. Se extrañó de que Derek no apareciera por allí.

La película se le hizo corta, y ni siquiera era muy tarde cuando acabaron y decidieron irse a dormir. Ethan tenía que levantarse para ir a clase al día siguiente, y aunque él no tenía nada que hacer hasta la tarde, tendría que hacer lo propio para que Christian le acercase a casa.

—Tengo que enseñarle esta película a mis compañeros de piso —comentó mientras apartaba las sábanas de la cama en lo que Ethan dejaba el ordenador de nuevo sobre el escritorio —. A partir de ahora cada vez que alguien me diga que me calle le diré que deje de oprimirme.

Ethan rió mientras regresaba a su lado. El chico se sentó en el colchón y sonrió.

—¿Te ha gustado, entonces?

—Mucho —admitió. No se habían puesto el pijama aún así que apartó un poco la ropa y comenzó a desvestirse mientras Ethan buscaba su propio pijama bajo la almohada —. No creía que fuera a ser tan absurda, lo del conejo me ha llegado.

—Lo del conejo es lo mejor de la película —dobló su camiseta con cuidado mientras observaba a Ethan estirar su pijama sobre sus piernas.

—Bueno, los franceses también tienen lo suyo, está muy reñido —bromeó. Pasó los brazos por las mangas de la camiseta y acto seguido hizo lo propio con la cabeza. Una vez la tuvo puesta, se pasó una mano por el pelo, despeinándose —. Pero en general es buena, sube a mi top ten de películas estúpidas.

—Me alegro —sonrió, Vitto le observó ponerse la camiseta del pijama y tantear en busca de la etiqueta de los pantalones—. ¿Qué otras películas estúpidas te gustan?

—Déjame pensar —se desabrochó el pantalón, pensativo y tras quitárselo lo dobló con la misma minuciosidad con la que había doblado la camiseta —. Mean girls —dudó. Aunque acostumbraba a ver películas en versión original subtitulada, lo cierto era que pocos títulos conocía en inglés —, La cosa più dolce, aunque la última vez que la vi no me hacía tanta gracia. Old school, No es otra estúpida comedia americana... —hizo una pausa. Se le ocurrían un par más, como La dura verità, Puttano in saldo o Eurotrip, pero no estaba seguro de la traducción exacta del título —. Me cuesta pensar títulos en inglés, pero prometo ponerte alguna la próxima vez que vengas a casa.

—Te tomo la palabra —Ethan se puso en pie tras ponerse los pantalones el pijama y comenzó a doblar su ropa con destreza —. Aunque también tenemos que ver V de Vendetta, ¿eh? —le observó cruzar la estancia hasta el escritorio y dejar allí a ropa —. Deja tus cosas donde quieras.

El italiano le imitó. Cogió su ropa y la dejó cuidadosamente doblada sobre la mesa del escritorio, a un lado. Acto seguido se giró hacia el chico y se acercó a él por detrás, pasándole los brazos por la cintura y alzándole.

—¡Vamos a dormir!

—Sí, por favor, que empiezo a morirme de sueño.

Vitto sonrió y le dejó sobre el colchón, sentándose junto a él. Le observó en silencio mientras el chico se metía en la cama. Una vez estuvo tumbado, bajó la mirada hacia él y le estiró suavemente de la mejilla.

—Mi marmota...

El rubio le dedicó una sonrisa que propició que él también sonriera. Subió la mano hasta la del italiano, rodeando su muñeca con los dedos y Vitto sintió como le daba un suave tirón para que se acostara.

—¿Y si falto mañana a clase y nos quedamos durmiendo hasta tarde?

Se acomodó en la cama antes de contestar, tumbándose junto a Ethan y tapándose con las mantas, asegurándose de que tanto él como el chico quedasen bien cubiertos para no pasar frío. Luego se incorporó un poco y apagó la luz, volviendo a tumbarse al momento.

—Me parece un plan perfecto —susurró. Buscó la mano de Ethan bajo las sábanas y cuando dio con ella enlazó sus dedos con los del pequeño y le acarició el dorso de la mano con el pulgar.

—Decidido entonces —susurró el chico, que giró la cabeza un instante hacia la pared —. Cuando Chris venga a despertarnos fingimos que no estamos...

Vitto sonrió mientras Ethan bostezaba y le apretaba la mano con suavidad.

—¿Qué tal la vuelta? —le preguntó mientras se acercaba un poco.

—Perfecta —susurró. Subió la mano hasta la frente de Ethan y apartó un mechón de pelo de sus ojos —. Tenía ganas de volver, aunque suene extraño.

Ethan rió.

—¿Has visto a tus amigos ya? —preguntó, él asintió.

—Claro. He ido a comer con ellos, he cenado con su padre y ahora vamos a dormir —bromeó.

El rubio rió en voz baja.

—Idiota —le espetó —. Me refería a tus otros amigos. Tendrás más, ¿no?

Vitto se encogió de hombros. Ethan había comenzado a acariciar su brazo con la yema de los dedos y él se movió lentamente hasta pasar este por la cintura del chico y acariciar su espalda lentamente.

—Pero tú eres el más importante —aseguró.

—Anda ya —Vitto sonrió ante el tono divertido de Ethan—. Deja de decirme lo que quiero oír.

Ethan le golpeó con suavidad en la mejilla y él alzó la mano a tiempo de aprisionar la muñeca del chico y llevar la mano de este hasta sus labios, mordiéndole con suavidad el índice.

—No es culpa mía que quieras oír la verdad —susurró dejando que el chico apoyase su mano en el colchón de nuevo.

Antes de que pudiera darse cuenta, Ethan alzó la mano y le acarició la mejilla. Vitto intentó ignorar el pequeño salto que su corazón había dado y volvió a pasar la mano por la cintura del chico, acariciándole la espalda como minutos antes.

—...¿Crees que Chris y Matt se arreglarán? —preguntó Ethan con voz preocupada a la vez que apartaba la mano de su mejilla.

—Seguro —afirmó con rotundidad —. Tengo seis meses más para perseguir a Chris hasta que deje de ser imbécil. No te preocupes, puedo ser muy persuasivo —bromeó.

—Espero que no estén tanto tiempo separados —rió el rubio apretando suavemente su brazo. Vitto sonrió —. ¿Dormimos?

El italiano hizo un ruidito afirmativo como toda respuesta y se acomodó, sin apartar el brazo de la espalda del pequeño.

—Despiértame si tienes una pesadilla, ¿de acuerdo?

Ethan asintió y se acurrucó.

—Espero que no haga falta —murmuró —. Buenas noches, Vitto...

Esbozó una sonrisa y se inclinó un poco, lo suficiente para poder depositar un beso en la frente del chico.

—Buenas noches, topi.

Capítulo 3

Vitto se despertó un poco antes de que sonara el despertador de Ethan. Le costó un momento asimilar donde estaba, pero en cuanto consiguió que su mente se despejase un poco recordó todo lo que había ocurrido el día anterior: el almuerzo con Ethan, la conversación con Matt, la pelea con Chris... Se estiró un poco, lo suficiente para desperezarse sin despertar a Ethan, y disimuló un bostezo mientras apartaba el brazo que había mantenido toda la noche sobre la cintura de Ethan.

Se acomodó de nuevo bajo las sábanas y fijó su atención en el rubio. Seguía dormido como una marmota, respirando suave y acompasadamente, y agradeció en silencio que la noche hubiese pasado sin que el chico hubiese tenido que sufrir ningún tipo de pesadilla. Alargó la mano derecha con cuidado hasta la nariz de Ethan y pasó la yema de los dedos por esta, acariciándole con suavidad, mientras esperaba a que el despertador sonase. Según su reloj, apenas le debían faltar unos minutos.

Así fue. El silencio de la habitación apenas duró unos instantes más, y pronto Vitto pudo ver como Ethan se sobresaltaba por el repentino sonido de la alarma, fruncía la nariz y colaba la mano bajo la almohada para poner fin al ruido. El italiano no pronunció palabra alguna, ni se movió en ningún momento. No hasta que Ethan pasó un brazo por su cintura y escondió la cabeza en el hueco de su hombro, haciéndole reír.

—Buenos días, marmota —susurró.

—¿Buenos? —el pequeño estrechó su abrazo y Vitto se vio obligado a pasar su brazo por la espalda de Ethan y acariciarle la nuca con los dedos—. Buenos serían si pudiéramos quedarnos así hasta las diez de la mañan a...

"Y que lo digas", pensó con una sonrisa suave.

—Ya podremos hacerlo este fin de semana —se separó un poco del chico y apartó con la mano el cabello de su frente —. Hoy tienes cosas importantes que hacer.

—Lo que tengo es sueño —replicó el otro mientras apartaba la mano de su cintura.

Vitto le miró mientras Ethan rebuscaba bajo la almohada hasta dar con su teléfono, seguramente para apagar futuras alarmas que no serían necesarias ese día. Una vez hecho, volvió a dejar el teléfono donde estaba y se frotó los ojos con el dorso de la mano, soñoliento.

—Vamos, seguro que tienes un buen día en clase —le animó —. Y por la tarde podrás dormir un poco antes de hacer los deberes.

Ethan se estiró en la cama y rió un poco.

—Pero, ¿no quedamos anoche en que hoy faltaba a clase?

—Tendremos que consultar eso con el comandante jefe —bromeó pellizcandole la mejilla. Ethan le sujetó la mano y apretó con suavidad.

—Entonces es un no —murmuró resignado, consiguiendo que Vitto riese—. ¿Has dormido bien?

—Mucho —admitió —. ¿Y tú, topi?

Ethan asintió, sonriente.

—También. Ni me he despertado siquiera.

—Me alegro —susurró él, sonriendo. Tras unos instantes en silencio, suspiró —. ¿Nos levantamos?

—No —rogó el chico, con una mueca de dolor. Vitto se echó a reír.

—Venga, tonto —le acarició el pelo con cariño —. Mientras antes nos levantemos antes volveremos a la cama.

—Eso no tiene sentido y lo sabes.

Vitto sonrió ante la réplica del pequeño. Ethan suspiró e hizo ademán de ponerse en pie, pero aquella buena intención duró demasiado poco, y antes de que se diera cuenta, Ethan había vuelto a acurrucarse bajo las sábanas. Se rascó la cabeza con resignación y apartó las sábanas.

—Vamos, marmota —insistió —. Voy a tener que cambiarte el apodo.

La reacción fue instantánea. Ethan se acurrucó y gimió quejándose. Vitto sonrió mientras recorría la figura del chico con la mirada. Incluso sintió algo de pena por haberle destapado tan de improviso.

—Estás haciendo méritos para que te odie...

—Pobrecito —susurró, volviendo a taparle con las mantas y acercándose a él. Pasó un brazo por su cintura y le abrazó —. Si es que eres un bebé.

—Ya me has llamado marmota, topi, tonto y bebé, y llevamos despiertos... ¿Qué? ¿Diez minutos? —rió, y Vitto rió con él, suspirando profundamente. Sabía que tenían que levantarse, pero cada vez tenía menos ganas de que eso sucediera.

—Chris va a venir a sacarnos por los pelos, topi.

—Qué suerte que te lo hayas cortado, entonces —bromeó —. Cinco minutos.

—¿Me dejas que me levante yo y vaya haciendo el desayuno?

—Pero si lo mejor de esto es que estás conmigo —murmuró. El italiano miró al chico con una sonrisa y se sorprendió con la rapidez con la que el chico se incorporó —. ¿Tanta hambre tienes?

—Sí —admitió, suspirando —. O hago el desayuno o tendré que comerte a ti. Tú eliges.

Ethan permaneció un momento en silencio, sonriendo, pero antes de que Vitto pudiese decir algo para suavizar aquella frase cargada de indirectas, el chico reaccionó y se estiró con tranquilidad.

—Entonces es mejor que salgamos a desayunar —rió—; no queremos que te quedes con hambre, yo no doy para mucho.

El italiano rió intentando que su nerviosismo pasase desapercibido. Por un momento había esperado que Ethan le siguiera el juego, como había visto a Matt hacer tantas veces con Christian, incluso con Giancarlo y con él mismo. Pero Ethan no era como Matt. En absoluto.

Saliendo de la cama, el moreno buscó su ropa y comenzó a desvestirse.

—Eso es muy relativo —susurró.

Ethan permaneció en la cama mientras él se cambiaba. Con la misma precisión y cuidado con la que se había desvestido y vestido la noche anterior, lo hizo aquella mañana, reemplazando las prendas que cogía de las silla por las que se iba quitando y doblando con cuidado para devolverselas a Chris. Acababa de terminar de doblar la camiseta del pijama, cuando el rubio salió de la cama y caminó hacia el armario.

—Entonces, —comenzó — ¿dónde tiene que llevarte Chris? ¿A casa?

Vitto le miró mientras el chico sacaba del armario el uniforme y comenzaba a vestirse.

—A casa —explicó —. Este semestre sólo tengo prácticas por la tarde. Para poder verte.

Vitto buscó los zapatos mientras Ethan continuaba vistiéndose.

—O para que no cotillees demasiado —bromeó el pequeño—. Tienes que explicarme eso de que no pueden saber que somos amigos...

Vitto alzó la mirada hacia él. Parecía tener problemas con los botones. El moreno se acercó a él y le apartó las manos con cuidado.

—Déjame a mi, que me recuerdas a Giancarlo intentando atarse la corbata —bromeó —. Bueno, ya sabes eso de que no podemos tratar a los familiares o amigos.

El problema es que yo no podía hacerme amigo de los pacientes —admitió, con cierta culpa en la voz —. Así que, por favor, intenta disimular hasta que encuentre una excusa. No quiero que me suspendan las prácticas después de tres meses archivando historiales.

Ethan se limitó a asentir. Vitto pasó las manos por el pecho del chico, alisando la camisa, y se separó de él.

—¿No puedes simplemente explicárselo a la doctora Janis y entrar en otra consulta mientras estoy yo con ella? —le preguntó —. Puedes decirle que nos conocimos antes o algo y que fue casualidad encontrarnos en la clínica, o algo así...

—El problema es comenté delante suya que eras muy simpático —se lamentó —. Se lo acabaré explicando, no te preocupes, pero al menos la primera sesión tendremos que hacerla juntos —suspiró —. Espero que no te importe, tampoco creo que me deje participar demasiado.

Ethan apretó los labios, sonriendo forzadamente, y se sentó en la cama.

—¿Puedo serte sincero? —preguntó con incomodidad.

—Siempre.

El chico permaneció en silencio un momento. Acto seguido buscó los pantalones del uniforme y continuó vistiéndose.

—Me pone nervioso que vayas a estar en una de mis sesiones.

Vitto se rascó la mejilla, incapaz de no sentirse culpable. Lo entendía perfectamente.

—Lo siento —se disculpó —. Intentaré encontrar el momento de decírselo antes del jueves, ¿vale?

—No te disculpes —le pidió levantándose y abrochándose el pantalón—. Me alegro de que te hayas saltado las normas. Prefiero mil veces pasar el mal rato de que me veas en las consultas y ser amigos que lo contrario.

El moreno sonrió y le revolvió el pelo.

—Yo también —suspiró —. Voy a hacer el desayuno, ¿vale?

—No, no vale —replicó el chico —. Tengo que hacerlo yo, tú eres el invitado.

Vitto se rió y le pellizcó la nariz.

—Bah, no repliques a tus mayores —le riñó mientras se dirigía hacia la puerta.

—Como se te ocurra tocar algo en la cocina no te doy tu regalo de Navidad —la sonrisa del chico hizo que no le tomase demasiado en serio mientras abría la puerta y salía del cuarto.

Se dirigió hacia la cocina con tranquilidad. No había ni rastro de Derek, pero Christian ya estaba sentado allí. No tenía buena pinta. De hecho dudaba mucho haberle visto alguna vez peor de lo que estaba en ese momento. El rubio estaba aferrado a su taza de café, con la sombra de unas ojeras asomando, el pelo mal recogido en una coleta y cara de no haber dormido en toda la noche. Le saludó con un gesto y Vitto sonrió pasando por su lado.

—No duermas nunca —comentó —. Estás muy sexy con esas pintas de bohemio depresivo.

Chris no contestó. Seguramente ni siquiera era capaz de conectar dos frases irónicas seguidas si de verdad no había dormido en toda la noche. Vitto permaneció un instante mirando los muebles de la cocina antes de aventurarse a abrir uno, en busca del pan para las tostadas.

—Si por sexy entiendes apaleado y miserable... —murmuró el rubio tras él —. ¿Ethan sigue durmiendo?

—Está vistiéndose —explicó. Cerró la puerta del armario que había abierto, donde sólo había encontrado vasos y platos, y abrió el siguiente, pero tampoco tuvo suerte. —¿Dónde tenéis las cosas?

—¿Qué buscas? —Vitto se giró hacia Christian y se apoyó en la barra, donde el chico acababa de soltar la taza de café.

—Té y pan para tostadas —explicó. No iba a ser muy original hacer el mismo desayuno que cuando Ethan se quedó a dormir en su casa, pero no era el momento de experimentar.

Christian permaneció mirándole un instante antes de alzar la mano.

—Té —Vitto se giró para mirar hacia donde señalaba el chico. Había estado casi a punto de encontrarlo solo —. Pan.

—Gracias.

Dedicó una sonrisa rápida a Chris y se giró de nuevo, dejando sobre la encimera una cajita son sobres de té antes de ir hacia el mueble que había junto al frigorífico para coger el pan. Buscó con la mirada la tostadora y la encendió, esperando a que estuviese caliente para poner el pan. Mientras, sacó un sobre de té y leyó las instrucciones. Había que dejarlo entre tres o cuatro minutos, así que tenía que hacerlo antes para que las tostadas no se enfriasen mientras se hacía.

—¿Tienes exámenes hoy o no has dormido pensando en otras cosas? —preguntó, y estaba seguro de que Chris sabía que "otras cosas" era el nuevo apodo de Matt.

A juzgar por su repentina recuperación de la capacidad de ser desagradable, lo sabía.

—Ya que te importa tanto mi vida —apuntó, y Vitto no pudo evitar sonreír divertido mientras echaba la leche en una de esas máquinas para calentar líquidos que no había visto en su vida hasta que llegó a Brighton —, no, no tengo examen. Pero me he quedado estudiando igualmente. ¿Te parece bien?

—Sí, sí, muy bien, eres un buen niño —bromeó, ignorando el tono sarcástico del rubio —. Si te acuerdas,

¿puedes sacarle a Ethan el tema de las pesadillas, por favor?

Vitto estaba demasiado ocupado estando pendiente del desayuno para mirar a Christian, incluso cuando el chico tardó un momento en reaccionar a su petición.

—Supongo que quieres que Ethan lo comente en la próxima sesión, ¿no?

—Bingo —murmuró. La máquina emitió un suave pitido y el italiano apartó la leche y la vertió en una taza —. Seguramente sea la única sesión suya a la que asista. Prefiero curarme de problemas y tener la carta de que ha mencionado el tema delante de mí para poder decírselo a la doctora en caso de que a ella no se le ocurra así, a bote pronto.

Christian se levantó y pasó a su lado. Vitto le observó por el rabillo del ojo mientras el chico enjuagaba la taza para hacerse otro café. Él se limitó a sacar un plato del mueble y colocar en él las rebanadas de pan ya tostado.

—Esta tarde se lo comento —aseguró, recibiendo una sonrisa por su parte —. ¿Qué opina él de que vayas a entrar en una de sus sesiones?

—No le hace gracia —admitió. Abrió el cajón de los cubiertos y sacó un cuchillo —. Por eso sólo voy a ir a una. Intentaré decírselo a la doctora Janis lo antes posible. ¿Donde tenéis la mermelada?

Christian señaló el frigorífico. Sí, bueno, había sido una pregunta estúpida.

—Ya lo suponía —dijo el rubio mientras él sacaba la mermelada de naranja y volvía con ella a la encimera —, no habla de las consultas ni siquiera con mis padres, a no ser que sea necesario.

—Bueno, no tiene que hacerlo —explicó, untando las rebanadas de pan —. Las consultas son algo personal, por eso nosotros no tenemos el poder de hablar con los familiares sin permiso explícito del paciente a menos que la vida del paciente o la de otra persona esté en peligro —alzó la mirada hacia el chico y sonrió —. Entiendo que no quiera que esté en sus consultas, no te preocupes.

—No me preocupo —Vitto se limitó a sonreír. Christian parecía tener aún menos amor hacia sí mismo, porque el café soluble que se estaba echando en la taza podía compararse fácilmente al matarratas, pero no sería él quien se lo hiciese notar —. Más te vale que estés a la altura y hagas como si nada después de esa sesión. Pasa de lo que escuches y no juzgues a Ethan.

Vitto rió entre dientes y dejó el cuchillo en el fregadero. Acto seguido sacó la bolsita de té que había dejado metida en el la leche, la puso sobre una servilleta y la envolvió antes de tirarla al cubo de basura.

—Eres tú quien se deja llevar por lo que escucha, Chris, no yo —apuntó, sonriente, y salió de la cocina para buscar a Ethan.

El chico ya estaba vestido cuando entró en la habitación. Había intentado peinarse, sin mucho éxito, y estaba guardando el portátil en la mochila cuando Vitto se apoyó en el marco de la puerta y le miró con los brazos cruzados y una sonrisa.

—Su desayuno está listo, marqués.

—No está mal. De bebé a marqués. Es un paso —comentó el chico dejando la mochila en el suelo y girándose hacia él —. ¿Qué me has preparado?

—Lo único que sé que te gusta —bromeó —. Té y tostadas. ¿Está bien, señorito?

—Perfecto —sonrió el pequeño —, no necesitas saber nada más.

Vitto le observó en silencio mientras se acercaba. Ethan alzó la mano hasta apoyarla en su antebrazo y apretó con suavidad.

—No me dejas hacer de anfitrión —se quejó. Él rió.

—No me dejas cuidarte —respondió él con el mismo tono dolido.

—Venga ya —Ethan sonrió —, si no he hecho otra cosa que dejar que cuides de mí desde que nos conocimos.

—Eso es lo que tienes que hacer —el moreno le pasó un brazo por los hombros y puso rumbo a la cocina —. Vamos, tu desayuno está hecho pero el mío no.

—¿Puedo hacértelo yo? —Vitto se encogió de hombros mientras entraban en la cocina.

—No te preocupes, topi, sólo desayuno café —le explicó —, otro día me haces un buen almuerzo inglés o algo así.

—Hecho — el rubio estiró la mano y buscó los taburetes frente a él, dando con el brazo de Christian, que seguía sentado, con cara de sueño, bebiendo café —. 'Nos días, Chris.

El susodicho gruñó por toda respuesta y Vitto sonrió mientras sacaba una taza del mueble.

—¿Tenéis café, Chris, o sólo matarratas?

—Nos ha salido delicado, el italiano... —se quejó el otro—. Busca por ahí, en alguno de esos muebles.

—Si llego a saber que te gusta el café te habría traído de regalo un paquete de café italiano y entenderías por qué eso que bebes es veneno —apuntó el moreno. Encontró en uno de los muebles una cafetera de metal, pequeña, que supuso que habrían utilizado hacía bastante, antes de tener esas máquinas nuevas con cápsulas, y un paquete de café. Eso quería decir que Derek o Caroline seguían bebiendo café decente para las guardias o algo así —. Y me darás las gracias.

Christian no dijo nada. Vitto miró hacia él un momento y le vio apurar la taza. Con cuidado echó el café en el hueco inferior de la cafetera, sin apelmazarlo, enroscó de nuevo la parte superior y la puso sobre la vitrocerámica.

—Tenemos que quedar con Matt para darte tus regalos, Vitto —le recordó Ethan. A Vitto le costó entenderle al hablar con la boca llena.

—Cierto, ¿cuándo puede ser eso? —el chico se encogió de hombros, él miró un momento a Chris. Esperaba que arreglase pronto las cosas con el moreno — ¿Quieres otra taza, Chris? —le preguntó con amabilidad, aunque con la mirada fija en Ethan.

—No, gracias —respondió, dejando la taza sobre la barra —. Suficiente cafeína por el momento. Espabilad un poco que empieza a hacerse tarde.

Vitto le observó en silencio mientras echaba una ojeada a su móvil y se levantaba. Un silbido continuado le avisó de que el café ya estaba. Apagó la vitrocerámica y apartó la cafetera, vertiendo con cuidado el café en la taza. Dejó que el líquido se enfriase mientras limpiaba el aparato y volvía a guardarlo en su sitio. Luego, cogió la taza y se sentó junto a Ethan, suspirando. Chris aprovechó para ir a fregar su taza.

—¿Alguna vez habéis tenido mascotas?

—Chris tuvo hamsters. Yo era muy pequeño y no me acuerdo —le explicó girándose hacia él.

—Tuvimos que regalarlos porque empezaron a criar —comentó Christian mientras recogía la encimera.

—Oh, me encantan los hamsters —dijo, animado —. Tuve uno adorable, se dejaba tocar mucho y cuando le devolvías a la jaula se quedaba en la puerta hasta que le dabas una pipa —rió —. Y se la guardaba en el moflete para que le dieras otra. Era un amor —miró a Ethan y sonrió —. Tú te le pareces un poco.

Vitto rió cuando el chico hinchó los mofletes. Era adorable.

—No sé cómo tomarme eso. ¿Me estás diciendo que me guardo comida para que me den más? —la indignación del chico quedaba suavizada por el hecho de haberse escondido el resto de su tostada tras la espalda —. No sé de dónde sacas eso...

—Qué mono eres, por favor —declaró con firmeza revolviéndole el pelo —. He tenido un montón de bichos... Los animales son lo mejor —susurró pensativo mientras se apoyaba en la barra y bebía.

Christian salió de la cocina mientras Vitto terminaba su café.

—Sí que lo son —afirmó Ethan—. ¿Sabes? A lo mejor pronto tengo un perro —comentó. Vitto supuso que se refería a un perro lazarillo. Parecía contento por eso —. ¿Tú tienes más animales a parte de Phoskito?

—Hmm sí, bueno... —se rascó la mejilla, pensativo —. Mis padres viven en el campo, tenemos algunos animales —alzó un poco la mano y enumeró —. Tenemos a Phoskito, tenemos gallinas y tenemos conejos en casa, también —explicó —. Tuvimos una colonia de gatos en uno de los terrenos, pero creo que consiguieron esterilizar a los pequeños y algunos se han ido así que no sé cuántos seguirán por ahí —sonrió, nostálgico —. Y mi abuela tenía vacas. ¡Oh! Y tuvimos una cabra cuando yo tenía unos tres años —rió —. Se llamaba Vittoria, porque de pequeño no era tan original para poner nombres como cuando trajeron a Phoskito a casa.

Por el rabillo del ojo pudo ver como Ethan había estado a punto de atragantarse y sonrió.

—Vittoria es un nombre bonito.

—A la próxima cabra que tenga le podré Christiana —bromeó. Ethan se echó a reír.

—¿Te has propuesto que Chris te mate mientras duermes o...?

—No tiene porqué enterarse —aseguró —. ¿Tú no se lo dirás? Yo no se lo diré, y todo el mundo en paz...

Hizo girar la taza, ya vacía, sobre la mesa y miró a Ethan.

—¿Ya has acabado? ¿Quieres más?

—No, no —le aseguró—. Gracias.

Vitto asintió justo al tiempo que escuchaba abrirse la puerta de la entrada. Se incorporó un poco en el asiento y se giró hacia la puerta. Caroline no tardó en entrar con ella, con unas pintas de cansancio muy similares a las de su hijo mayor.

—Oh, este no es hijo mío —bromeó, al verle —. Me alegro de verte, Vitto.

Vitto le sonrió y le devolvió el saludo mientras la mujer saludaba a su amigo con un beso en la sien.

—¿Qué tal el trabajo? —preguntó el pequeño mientras Vitto se ponía en pie y recogía los platos. Caroline había ido directa a la nevera.

—Largo —sentenció —. Voy a tardar en meterme en la cama el tiempo de comer algo.

—¿Quiere un café, señora Keighley? —preguntó dejando las tazas en el fregadero —. Le vendrá bien para el cansancio.

La mujer le dedicó una sonrisa y señaló el cajón que había a su lado.

—No te preocupes, cielo, pero pásame una cuchara si puedes —le pidió. Vitto se apresuró a abrir el cajón y sacar el cubierto —. Y no hace falta que seas tan formal conmigo, puedes llamarme Carol. O Caroline, lo que te sea más cómodo.

El italiano le sonrió a la vez que le tendía la cucharra y se giraba luego para fregar los platos.

—Ve a buscar a tu hermano, Ethan —le pidió —, seguro que se ha quedado frito de pie.

—Vooooy — le escuchó bajar del taburete y caminar hacia la puerta —. Aunque debería estar fregando yo si tú has cocinado, pero vale.

—Nadie dijo que esto fuera una democracia —bromeó alegremente mientras enjabonaba los cacharros y los hacía a un lado.

—¿Te has quedado a dormir? —le preguntó Caroline. Vitto le miró un momento. Se había sentado en uno de los taburetes y le observaba desde allí mientras daba cuenta de un yogurt.

—Sí, vine a ver a Chris y —se encogió de hombros abriendo el grifo — la conversación se alargó —no sabía por qué sentía la necesidad de darle explicaciones, pero supuso que la mujer querría saber la razón por la que alguien se quedaba en su casa a dormir teniendo una casa propia que, además, le estaba costando dinero —. Así no cogía el coche por la noche, creo que a Ethan no le gusta mucho.

—No —afirmó la mujer—, no le gusta nada.

Vitto asintió mientras guardaba las tazas en su sitio y colocaba el plato y los cubiertos en sus correspondientes muebles. Christian apareció entonces por la puerta y se apoyó en esta, mirándole.

—¿Estás listo? —preguntó.

—Sí, dame un segundo —le pidió. Escurrió el estropajo y lo dejó sobre el fregadero antes de cruzar la cocina e ir a por su chaqueta al cuarto de Ethan, no sin antes despedirse de Caroline con una sonrisa y un "hasta luego, Caroline".

Ethan salía de la habitación justo cuando él entraba, con la mochila al hombro y su bastón en la mano.

—Se acabó la fiesta, ¿eh?

—Sólo es una pausa —le aseguró mientras pasaba a su lado. Cogió la chaqueta y se la puso, junto a la bufanda, y tras comprobar que llevaba el móvil, la cartera y las llaves, salió del cuarto y pasó el brazo por el hombro del rubio —. La continuaremos el jueves.

—No sé si yo consideraría eso como "fiesta".. . —bromeó.

Se dirigieron hacia el recibidor, donde Christian ya les esperaba listo para salir, con las llaves del coche en la mano.

—¿Todo listo? —Ethan asintió y su hermano abrió la puerta antes de volver a girarse —. El abrigo.

El pequeño resopló y Vitto le soltó para que pudiese abrocharse el abrigo con mayor facilidad, mientras sujetaba entre las piernas su bastón.

—Hola, soy Ethan y tengo diez años —se quejó.

—Mentales puede.

Vitto sonrió ante la respuesta de Christian y se inclinó de nuevo sobre Ethan, pasándole el brazo por los hombros y hablandole el voz baja.

—Entonces sois gemelos mentales —bromeó mientras avanzaban por el recibidor, tras cerrar la puerta de la vivienda, y cogían el ascensor.

—No. Soy el mayor.

Vitto rió y entraron al ascensor. Christian permaneció callado y se limitó a darle al botón para bajar.

—¿Qué vas a hacer cuando llegues a casa? —le preguntó el rubio.

—Hmmm —frunció el ceño —, la verdad es que no lo sé. Supongo que limpiaré un poco. Tengo que hacer la compra, ¿qué puedo comer hoy?

—Puedes hacer el arroz ese que me preparaste —apuntó —. Estaba bueno.

Salieron del portal y bajaron hasta la calle. Hacía bastante frío y Vitto tuvo que colocarse la bufanda mientras caminaban detrás de Christian, hasta el coche.

—Eso me recuerda que me debes una cena —dijo alegremente —. ¿Dejas antes a Ethan o a mi, Chris?

—A Ethan —contestó, mientras abría la puerta—. Tú no tienes hora, ¿no?

Vitto sonrió y parpadeó un par de veces.

—Para nada, podemos alargar la cita, guapo —bromeó. Luego se giró hacia Ethan —. ¿Vas delante?

Christian fingió un escalofrío y se sentó al volante. El italiano sonrió y entró en el asiento trasero, esperando a que Christian se apoyase en el respaldo para pasar la mano y tirarle suavemente de la mejilla. El rubio gruñó por toda respuesta.

—Te puedo invitar a cenar para mi cumpleaños —comentó Ethan mientras se abrochaba el cinturón —. El de verdad, no la celebración que va a hacer Matt casi un mes antes. Estoy viendo que se van a ir de viaje ese fin de semana y me van a dejar tirado, de todas formas.

—Ethan...

—Oh, venga —el niño resopló. Vitto le miraba con una sonrisa—. Si está clarísimo que vais a volver.

—¿Te quieres callar?

—Está bien, es un buen plan —comentó, ignorando él también a Chris —. A lo mejor Matt nos deja su consola, no creo que vaya a usarla en el viaje, y podemos cantar.

—¡Sí! —exclamó Ethan—. Podemos buscar la de Vincent y ponernos depresivos.

Christian arrancó. Vitto se echó hacia delante, apoyándose en el respaldo de Chris, aunque sin molestarle, para hablar mejor con Ethan.

—Vamos, no seas depresivo —le regañó —. Mejor hacemos una batalla de canciones Disney. Me las aprenderé todas en inglés.

—¿Todas, todas? —le retó Ethan, girándose hacia él.

—Todas todas.

Llegaron al instituto en poco tiempo. Al menos eso le pareció. El camino no era exactamente corto, pero algo sucedía cuando estaba con Ethan, algo que hacía que, simplemente, el tiempo corriera con mayor velocidad.

Vitto bajó del coche a la vez que Ethan, dedicando una sonrisa a Matthew, que esperaba en la puerta de la escuela la llegada de su amigo, y que le dedicó una mirada de circunstancia antes de despedirse con un gesto y entrar al edificio acompañando al rubio.

Como era de esperar, no cruzó palabra con Christian.

El mayor de los Keighley parecía haber aprendido con facilidad el camino hasta casa del italiano. Vitto estaba demasiado adormecido aún para esforzarse en mantener una conversación con el chico, así que pasó todo el camino en silencio, intentando no dormirse a pesar de que estaba seguro de que su cerebro no estaba funcionando perfectamente, y sólo se espabiló un poco cuando el rubio aparcó junto a la esquina de su calle.

— Que rápido se me ha hecho —admitió desabrochándose el cinturón —. El tiempo pasa volando cuando estoy contigo, Chris.

—Ojalá pudiera decir lo mismo —Vitto sonrió con suavidad y suspiró, apoyando la cabeza en el asiento —. Hasta luego.

— Ya me voy, ya me voy —abrió la puerta y salió del coche con parsimonia, demasiado cansado para darse prisa —. Hasta luego —se despidió una vez fuera, antes de cerrar la puerta.

Permaneció un momento allí, sobre la acera, hasta ver como Christian arrancaba el coche de nuevo y desaparecía de su campo de visión.

A pesar de llevar tres meses deseando comenzar a formar parte de las consultas de la clínica, tenía que admitir que las cosas no eran exactamente como había esperado. Debía reconocer que había sido bastante crédulo al esperar llevar la batuta con alguno de los pacientes, pero eso no hacía que la realidad le sentase mejor. Sus intervenciones durante las horas que pasaba en la consulta con la doctora Janis eran bastante escasas. Por lo general, Vitto se limitaba a estar allí, sentado junto a la doctora, tomando nota y leyendo los informes que la mujer le pasaba. A veces le preguntaba si quería hacer alguna pregunta al paciente o si tenía alguna duda con la historia psicológica de este, pero pocos eran los momentos en los que el italiano podía hacer algo más que coger apuntes y asentir con la cabeza a las explicaciones de la mujer. Lo único que le consolaba era que no había ningún caso que le llamase la atención especialmente, aunque, en parte, tener que aceptar que lo más probable era que tratase a personas cuyos problemas no le resultasen interesantes en su mayoría, fue otro pequeño golpe a su ego. Sí, la finalidad de haber elegido Psicología era la de ayudar a los pacientes a estar mejor, pero no iba a negar que prefería casos interesantes a simples depresiones o problemas de ansiedad.

Había acordado con los doctores que cada día estaría con consulta con uno de ellos. El lunes y el martes había estado con la doctora Janis, y aunque el miércoles había cambiado a la consulta el doctor Kinney, el jueves la doctora volvió a pedirle que estuviese con ella. Se había planteado por un momento el negarse, pero había decidido aceptar por una simple razón: Ethan tenía consulta con ella a las cuatro y, si era completamente sincero consigo mismo, no se fiaba de que Christian hubiese cumplido su parte del trato.

Cuando terminaron la segunda de la consultas del día, a las cuatro y tres minutos, y el pequeño James, de quince años, dejó paso a Ethan, Vitto tuvo que hacer su mejor esfuerzo para disimular su nerviosismo. Sentía que estaba traicionando a Ethan. Le había asegurado que hablaría con Janis sobre él ese mismo día y que le explicaría que no podía tomar parte en las consultas del chico, pero no podía hacerlo. No aún. Necesitaba que la doctora tuviese conocimiento de los sueños de Ethan y para eso necesitaba quedarse y asegurarse de que todo iba bien.

Cuando el rubio entró, dedicando una suave sonrisa a la doctora, Janis le respondió con un animado saludo y procedió a presentarle.

—Buenas tardes, Ethan —comenzó —. Tengo que avisarte de que hoy va a estar presente un estudiante de Psicología que está haciendo las prácticas en la consulta, ¿vale? —dedicó una mirada a Vitto, que apartó la vista de Ethan por un segundo y fijó su atención en la doctora —. No te preocupes, él también se rige por el secreto profesional, ¿de acuerdo?

El italiano se giró hacia Ethan, esperando su reacción. El pequeño se detuvo un instante, con la mano apoyada en el respaldo del asiento, y, finalmente, asintió con suavidad mientras esbozaba una sonrisa. Vitto suspiró aliviado para sí mismo. La doctora esperó a que Ethan tomase asiento frente a ella antes de comenzar. El italiano observaba al chico en silencio, sentado casi a la altura de la esquina de la mesa, con la silla girada ligeramente hacia ellos.

—Bueno, Ethan —dijo al fin—. Cuéntame qué tal la semana.

Vitto observó cómo el pequeño se movía un poco en el asiento antes de responder.

—Bien —contestó —. He pasado las fiestas en casa. En Nochebuena fuimos a la iglesia y Nochevieja la pasé con Matt.

La mujer asintió.

—Muy bien, ¿y hay algo de lo que quieras hablar? —preguntó mientras miraba de reojo a Vitto que fingía escribir —. ¿Ha pasado algo nuevo que quieras tratar?

Vitto alzó la mirada, observando al chico con interés. Era el momento de descubrir si tenía que dar las gracias o una buena colleja a Christian.

—Bueno, he... —hizo una pausa en la que se rascó el cuello, nervioso —. Me puse nervioso cuando estuve en la iglesia. No tanto como antes, pero...

Vitto bajó la mirada de nuevo hacia los papeles. Iba a matar a Christian.

—¿Y qué hiciste?

—Lo de la respiración —se apresuró a responder—. Con el eco de la iglesia me costaba ubicarme y no sabía de dónde venían los sonidos. Además, había mucha gente. Pero pude sentarme en vez de irme.

—Muy bien —Vitto asintió a las palabras de la doctora, apuntando, esta vez sí, en los folios.

—Entonces hice lo que me enseñaste de concentrarme en mi respiración y las técnicas de relajación.

—¿Te sirvió?

—Sí, durante toda la misa —Ethan suspiró —. Pero cuando nos íbamos volvió a pasarme.

Vitto levantó la mirada de los folios justo cuando la doctora Janis apartaba la mirada de Ethan y la fijaba en él, esperando a que le dijese por qué el chico estaba allí, tal como había hecho en el resto de consultas.

—Ansiedad social —se aventuró a decir. Por el rabillo del ojo vio como Ethan giraba ligeramente la cabeza hacia él mientras la doctora negaba.

—Casi —el italiano chasqueó la lengua —. Ethan, sigue contándome. ¿Qué pensaste al salir?

—Bueno... Tenía la sensación de que me iba a pasar algo —murmuró. La forma en la que agachaba la cabeza le hizo fruncir el ceño —. No podía saber dónde estaban mis padres o mi hermano... Había mucha gente y sólo pensaba en que me iba a desmayar o algo así y nadie me iba a ayudar. No sé.

Vitto asintió, cerrando los ojos. Agorafobia.

—¿Y físicamente? ¿Qué sentías? —continuó Janis, haciéndole un gesto para que esperase un momento.

—Me empezaba a costar respirar. Y notaba presión en el pecho —explicó el rubio —. Se me pasó en cuanto nos fuimos, pero... Creo que si no me habría mareado. Había mucha gente.

La doctora miró a Vitto, que tardó un momento en darse cuenta de ello, pendiente como estaba de Ethan. Cuando cayó en la cuenta de que la mujer estaba esperando, parpadeó con rapidez y miró un instante los papeles.

—Trastorno de angustia con agorafobia.

—Muy bien —Vitto no pudo evitar sonreír cuando la doctora le dio la razón, aunque sabía que estaba haciendo trampas. Sabía muy bien por qué estaba Ethan allí—. Continúa, Ethan.

No tuvo mucho que hacer en aquella sesión. Una vez diagnosticado su único trabajo en las sesiones era escuchar y apuntar, de modo que se dedicó a anotar en sus hojas lo que él pensaba que debía hacerse, lo que habría recomendado él al paciente.

La hora pasó con bastante rapidez, y cuando quiso darse cuenta la doctora ya había comunicado a Ethan cuales serían sus deberes de aquella semana. Para concluir, tal como hiciera las otras veces, se giró hacia Vitto.

— ¿Quieres añadir algo más, Vittorio?

El italiano intentó no poner los ojos en blanco cuando le llamó por su nombre completo y observó sus papeles y luego a Ethan. Era su oportunidad de preguntarle sobre aquellos sueños, pero no estaba seguro de cómo hacerlo.

— Hmmm, bueno —comenzó —. Han pasado dos semanas desde la última vez que tuviste consulta —dijo, dirigiéndose al chico —. ¿No te ha pasado nada que quieras mencionar? Alguna discusión en casa o con los amigos, alguna conversación que te haya agobiado o ... —hizo una pausa que aprovechó para fingir mirar los papeles —. Bueno, en dos semanas es raro que no haya pasado nada salvo lo de la iglesia.

Observó al chico casi sin respirar, esperando que sacase el tema. En realidad, a pesar de su primera impresión, dudaba demasiado que Chris no hubiese hablado con su hermano de ello. Sabía lo importante que era.

—Bueno, he... —comenzó, dudando —. A veces... Algunas noches tengo pesadillas —el italiano apretó inconscientemente el bolígrafo al escucharle—. Con el accidente. A Chris también le pasa, pero menos, y me ha dicho que a lo mejor debería comentarlo aquí. Aunque no creo que sea para tanto.

La doctora permaneció en silencio un momento. Vitto fingió apuntar algo en las hojas y miró a la psicóloga, que intercambió una mirada rápida con él antes de continuar.

—¿Con qué frecuencia tienes esas pesadillas, Ethan?

—No sé... Depende.

—¿La vez que más veces las has tenido?

El chico dudó un momento.

—Creo que seis noches seguidas.

—¿Y la que menos?

Una nueva pausa para que Ethan calculase antes de responder.

—Creo que como... ¿Cinco o seis veces en un mes? —dudó—. No lo sé.

La doctora Janis asintió y apuntó algo en el informe de Ethan. Vitto se echó hacia atrás, apoyando la espalda en el respaldo del asiento. Bueno, primer paso conseguido.

—De acuerdo. En la siguiente sesión nos centraremos en eso y en ver cómo ha ido la detención de pensamiento, ¿te parece bien?

Ethan asintió y Vitto intentó disimular una sonrisa de satisfacción garabateando en las hoja blancas que mantenía en su carpeta. Seis noches seguidas. Estaba tan seguro de que Andrea tenía razón que no sabía cómo no estaba eufórico.

— Bueno, pues hemos terminado por hoy, Ethan —anunció la doctora —. La semana que viene nos vemos. Acuérdate de hacer los deberes y pasa buena semana.

—Gracias —respondió el chico, poniéndose en pie—. Igualmente. Hasta la semana que viene —se despidió tras desplegar el bastón. Vitto le siguió con la mirada y sonrió al ver como se giraba hacia él —. Hasta luego.

—Hasta luego.

El chico salió de la consulta bajo la mirada del italiano, que sólo se giró hacia la doctora una vez Ethan quedó fuera de su campo de visión.

—Me sorprende que no le dé importancia a soñar tantas veces con lo mismo —comentó, fingiéndose sorprendido y curioso, mientras subrayaba con el bolígrafo algunos términos de sus apuntes.

—Bueno —se encogió de hombros la mujer—, es normal quitarle importancia a los sueños cuando eres adulto. Se cree que por el mero hecho de ser sueños no es necesario prestarles atención. Y cuando lo hacen es para interpretarlos con libros de dudosa base científica.

Vitto hizo una mueca.

—Pero las pesadillas suelen estresar —insistió —. Es imposible que tenga un sueño reparador si sueña con algo así. No sé —se encogió de hombros, quitándole importancia a pesar de que seguía necesitando que la doctora Janis se interesara más por aquello —. No sé, es... estresante.

La psicóloga asintió a sus palabras mientras ordenaba los papeles sobre su mesa.

—Por eso le he dicho de abordar el tema en la próxima sesión. Hay veces que tener muchas pesadillas suele ser signo de estrés, además de estresar en sí mismas. Ethan es una persona ansiosa de manual, no me extraña que también sufra de eso...

Vitto se aguantó las ganas de susurrar un "no me digas" y se limitó a asentir. No estaba seguro de qué hacer. No le había gustado demasiado aquella sesión, no por lo que hubiese oído, sino por el hecho de tener que tratar a Ethan de aquella forma tan distante y… profesional. Prefería no tener que continuar con eso demasiado tiempo, pero, por otra parte, no quería arriesgarse a que los trastornos de conversión no aparecieran entre las posibilidades de la psicóloga. No sabía qué hacer y aún estaba pensando en aquello cuando escuchó a la doctora saludar al siguiente paciente y pedirle que tomase asiento.

Milton Keynes UK
Ingram Content Group UK Ltd.
UKHW020907201123
432908UK00020B/3048

9 798868 983092